Frédéric Lionel

Verborgenes Wissen

Ergründung unerwarteter Zusammenhänge

WILHELM HEYNE VERLAG
MÜNCHEN

SPHINX BEI HEYNE
Herausgegeben von Michael Görden
Nr. 13/3037

Besuchen Sie uns im Internet:
http://www.heyne.de

Umwelthinweis:
Dieses Buch wurde auf
chlor- und säurefreiem Papier gedruckt.

ISBN 3-453-14121-0

Inhalt

Vorwort

Drei persönliche Erlebnisse, die im Rahmen dieser Schilderung außergewöhnlichen Zusammenhängen zuzuschreiben sind, wurden in meinem autobiografischen Buch ›Die Entscheidung‹ beschrieben. Möglichst kurz zusammengefaßt, um ausschließlich das vorliegende Thema zu bekräftigen, veranschaulichen zusätzliche Kommentare das Seltsame dieser Vorkommnisse.

Das Buch ›Die Entscheidung‹ ist heute vergriffen. Kurz nach dem Zweiten Weltkrieg geschrieben, mögen die Leser, von der Erzählung angezogen, die erstaunlichen Umstände übersehen haben, die als Vorsehung und Fügung eine unerwartete Magie offenbaren. Sie ist nicht dem Zufall zuzuschreiben, sondern wird, wenn auch unerkannt, als eine der Natur innewohnende Logik von allen Phänomenen dieser Welt bezeugt.

Vergessen wir den schlechten Ruf einer mißbrauchten Magie, um sie als Wirkungskraft zu erkennen, die verborgene Zusammenhänge bewirken.

Seit die Welt besteht, versuchen Menschen immer wieder, okkulte Energien zu meistern, weil sie hoffen, Phänomene hervorzurufen, die ihren Wünschen entsprechen.

Im Laufe der Jahrhunderte bildeten sich geheime Gesellschaften, Sekten oder Orden, die viele Anhänger fanden. In unserer Welt, die der Naturwissenschaft zufolge ein Wellenkontinuum ist, schwingen und pulsieren bekannte und unbekannte Energien. Sie unterstehen notwendigerweise einer dem Kosmos eigenen Gesetzmäßigkeit, der Gesetzmäßigkeit des Lebens.

Da der Mensch Initiativen ergreifen kann, die dieser Gesetzmäßigkeit entsprechen oder sie vergewaltigen, stellt sich das Problem von Gut und Böse.

Alle in den folgenden Kapiteln beschriebenen Begebenheiten sind authentisch und sollen im Sinne des Autors zur Wahrnehmung verhelfen, daß die dem Zufall zugeschriebenen Folgeerscheinungen aller Phänomene als wohltuend oder schmerzhaft empfunden werden, je nachdem, ob sie der kosmischen Ordnung und somit der der Natur innewohnenden Logik entsprechen oder nicht.

Man kann nicht umhin zu denken, sie sei vorgesehen, und so nimmt Vorsehung den Platz des Zufalls ein. Dessen bewußt, bezeugen authentische Begebenheiten, daß die allumfassende Potenz der Magie in unserem rational-skeptischen Zeitalter eine besondere Prägung annimmt.

Jeder Gedanke, jedes Wort, jede Geste wie auch jede Handlung strahlen Energien aus, und ihre Schwingungen ändern, wenn auch unwahrnehmbar, das dynamische Kraftfeld des gesamten Universums. Somit sind wir alle Magier, da unsere Initiativen vorhersehbare und unvorhersehbare Folgen nach sich ziehen. Diese Tatsache entgeht unserer Sicht, und so rufen wir den Zufall an, ungewahr unserer eigenen Verantwortung.

Die stete Angst vor dem Morgen behindert unser Verständnis und wird so zu einem wesentlichen Stützpunkt der Illusion auf allen Ebenen ihrer Wirkungskraft. Diese Tatsache auszunützen, kennzeichnet die sogenannte Schwarze Magie, die den eigenen Vorteil auf Kosten anderer sucht. Um diese anderen gefügig oder verwundbar zu machen, ist Angst der unerläßliche Ausgangspunkt. Sie zu erzeugen und zu nutzen, bedingt die Kenntnis der Gesetze der Lebensdynamik und somit die Erkenntnis der Gesetze aller Rhythmen auf den physischen, psychologischen und sonstigen Ebenen.

Ursprünglich war diese Erkenntnis die Wissenschaft der Wissenschaften und eigentlich eine Theurgie als Wissenschaft des Wunderbaren, wie auch als die Kunst, Wunder zu vollbringen.

Dieser Feststellung mag man hinzufügen, daß die Theurgie, also die Beschwörung der Götter, Andacht erzeugt, die einer Ekstase nahekommt und daher zu einem anderen Daseinszustand führt. Jedes Individuum spielt, oftmals unbewußt, auf der Klaviatur unwahrnehmbarer Kräfte der Natur, und so müßten unerwartete Zusammenhänge besser erkannt werden.

Da Angst wahre Einsicht verhindert und unser psychisches Universum verwundbar macht, soll dieses Phänomen besonders beleuchtet werden, sei es nur, um nicht dem Willen eines böswilligen Magiers zu verfallen.

Der Leser, der das Arkanum der Wissenschaft der Wissenschaften betritt, wird vielleicht unerwartete Entdeckungen machen. Er mag sich erstaunen, zuzugeben, in einem unerwarteten Universum zu leben, was ihn veranlassen sollte, nur wohltuende Magie zu üben, jene, die den Gesetzen des Lebens entspricht, also dem Gesetz der Harmonie. Weiße Magie und weise Magie sind demnach in ihrer Wirkung identisch.

1

Nagende Angst

Die magische Kraft des Lebens ist die wundersame Fähigkeit seiner Bewegung, die, sei es nur in unserem Bewußtsein, die Pracht der Welt schöpft. Der Wille, sich diese Fähigkeiten gefügig zu machen, führte zu den sogenannten magischen Künsten. Sie waren seinerzeit eingeweihten Priestern vorbehalten, denen, so meinte man, es gelungen war, die Trennungslinie zwischen dem sichtbaren und dem unsichtbaren Universum zu verwischen. Auch kannten sie die geheimen Gesetze der Rhythmen, welche die Bewegung des Lebens kundtun.

Die Kenntnis, die ihrer Einweihung in die Mysterien der Natur entsprach, sollte ihnen ermöglichen, Energien größter Subtilität wahrzunehmen und zu leiten, Energien, die, von den Göttern ausgesandt, in allem Bestehenden und in jedem Lebewesen pulsieren.

Die Worte *Weiser* und *Magier* waren synonym, weil Magie als Schlußstein der menschlichen Entwicklung angesehen wurde. Heute ist das Wort Magie verpönt, da allzu viele Scharlatane im Laufe der Jahrhunderte behaupteten, Magier zu sein und wunderbare Dinge vollbringen zu können.

Selbstverständlich kann die Magie einer Zeit zur Wissenschaft einer anderen werden. Für Männer und Frauen von seinerzeit wäre Fernsehen ein magischer Akt gewesen. Die Wurzel des Wortes Magie, im Sanskrit *Maj*, bezeichnet etwas Großes.

Eines kann nicht geleugnet werden: Die moderne Wissenschaft verwischt die Trennungslinie zwischen der Physik und der Metaphysik. Ein Elektron, das eine Masse hat, aber kein Volumen, ist ein unsichtbares Element, obwohl es ein Baustein des Stoffes alles Bestehenden ist. Zusätzlich scheint das Elektron unsterblich zu sein. Auch durchdringt es andere Partikel, als ob sie kein Hindernis darstellten.

Diese *magische* Eigenschaft veranlaßte den Naturwissenschaftler de Broglie, zu behaupten, daß der Forscher im unendlich Kleinen nicht mehr weiß, ob das, was er beobachtet, die letztendliche Struktur des Stoffes ist oder nur die Spiegelung seiner Einbildungskraft.

Das Arkanum der Magie zu betreten, heißt, jede Voreingenommenheit aufzugeben. Wir leben in einer magischen Welt, denn von allem Anfang an waren die Worte »Es werde Licht, und es ward Licht« ein Akt erhabener Magie.

Wer könnte die Magie der Liebe leugnen, wie auch die Wunder, die der Geist vollbringen kann? Wunderheilungen bleiben ohne Erklärung. Psi-Phänomene wirken geheimnisvoll. Eine Fügung, die plötzlich rettet, hat jeder Mensch in seinem Dasein erlebt. Man versäumt einen Zug und entgeht einem Unfall.

Das Dasein wird somit, dank der Erfahrung, die es vermittelt, zur Plattform der Magie, da der Mensch Initiativen ergreift und so bewußt oder unbewußt Magier oder Zauberlehrling wird. Der Magier hat die Angst überwunden, der Zauberlehrling nicht.

Ersterer hat die unerwarteten Zusamenhänge anscheinend unerklärlicher Phänomene ergründet. Letzterer ist dessen unfähig.

Zu dieser Ergründung gehört die Frage: Kann Angst überwunden werden? Sie soll keine theoretische Antwort bekommen, sondern von einem tatsächlichen Erlebnis beleuchtet werden.

Eines steht fest: Angst erzeugt Spannung. Die Einbildungskraft vergrößert sie, und so bedingt, ist jede Klarsicht unerreichbar.

Die Situation, die ich beschreibe, fing mit einer nagenden Angst an, aber unerwartete Umstände riefen eine Befreiung hervor, die einem Zustand der Gnade glich, in welchem sich alle Gefühle wandelten, um ein unerschütterliches Vertrauen in mein Schicksal zu schaffen. In diesem Zustand der Gnade fühlt man sich, was immer geschieht, um welche Umstände es sich handelt, geborgen, beschützt, verbunden. Selbst wenn er nicht lange anhält, bleibt die Erinnerung, ihn erlebt zu haben. Nichts ist, wie es vorher war; und dieses Gefühl führt zu der Schlußfolgerung, daß die Wurzeln der Angst und ihre vernichtende Kraft im mangelnden Vertrauen einer Verbundenheit mit der überweltlichen Ordnung, man könnte sie *divine Justiz* nennen, zu suchen ist.

Versetzen wir uns nach London am Vortag von Weihnachten des Jahres 1942. Da Phänomene der Vorahnung und der Fügung eine besondere Rolle spielen, scheint es vorerst angebracht, eines nicht zu übersehen. Die moderne Wissenschaft betrachtet das Universum als ein komplexes Netzwerk von Beziehungen, als ein Wellenkontinuum von dynamischen Phänomenen, die ineinander wirken. Diese Feststellung führt zu einer wichtigen anderen.

Der nicht genügend vorbereitete Mensch ist unfähig, mit okkulten Energien umzugehen, da sie seinen Beobachtungen entgehen. Es ist daher vorteilhaft, die Botschaften von seinerzeit zu Rate zu ziehen, weil sie eine Erfahrung widerspiegeln, die einer erstaunlichen Erkenntnis entspricht.

Das Wort *Eingeweihter* bezeichnete seinerzeit jenen, dem das Privileg zuteil wurde, sich einer Vision der Dinge des Lebens zu öffnen, die zu einem ganz anderen Bewußtseinszustand verhalf.

Am Ursprung war das *Wort*, behaupten die heiligen Schriften. Das *Wort* ist Schwingung, Rhythmus, hörbarer und unhörbarer Klang. In Ägypten wurde der schöpferische Klang der *Hauch der Isis* genannt, der Hauch der Göttin der magischen Worte. Sie wurde von einer Schlange, so hieß es, eingeweiht, welche das Geheimnis den Tiefen der Erde entrissen hatte.

Alle Religionen, alle Zivilisationen hatten ihre Einweiher, Propheten, Magier, und alle übten und üben Magie als erhabene Wissenschaft aus, so der Buddhismus, der Lamaismus, der Islam, der Judaismus und auch das Christentum.

Die Transsubstantiation, der Exorzismus oder die Fürsprache der Heiligen sind magische Akte. Die Bibel erwähnt eine ganze Anzahl.

Der Stab Aarons wird zur Schlange, Wasser sprudelt aus dem Felsen. Die Teilung des Roten Meeres, die Vervielfältigung des Brotes sind magische Handlungen. Der Mensch müßte sie vollziehen können. Sein Dasein würde seinen Sinn verlieren, wenn es unmöglich wäre, die Gesetze zu erkunden, die es ihm ermöglichen, seine schöpferischen Kräfte denen anzuschließen, die im Kosmos walten. Jesus sagte: »Die Wunder, die ich vollbringe, ihr könnt sie vollbringen und viel größere noch.«

Ist dies nicht der letztendliche Sinn des *Wortes*? Es benötigt bewußte Zeugen, denn eine Symphonie vor tauben Zuhörern gespielt, besteht nicht, da sie nicht wahrgenommen wird. Seien wir uns bewußt, daß Verborgenes stets offenbar werden soll.

Da das Leben in allem und jedem pulsiert und seine Dynamik Energien erzeugt, welche sie verbreiten, müssen wir verstehen, daß unsere Initiativen wohltuend oder schädigend wirken, je nach unserer Wahl, die von dem Stand unserer Erkenntnis abhängt.

Der überweltlichen Ordnung entspricht das Gesetz der Harmonie. Eine innewohnende Logik bezeugt es in der Natur. Wenn es vergewaltigt wird, zwingt die Natur auf ihre Weise alles wieder in den Rahmen ihres Planes. Weiße Magie trägt dieser Tatsache Rechnung. Schwarze Magie versucht, sie zu umgehen, weil sie nur dem eigenen Vorteil dient, statt das Gemeinwohl zu fördern.

So unerwartet, wie dies erscheinen mag, ist es selbstverständlich, daß die moderne Wissenschaft althergebrachte Weisheit bestätigt, die von erhabenen Botschaftern übermittelt wurde. Es ist bedeutsam festzustellen, daß die dieselbe Wahrheit von Orpheus, Zarathustra, Buddha, Lao-Tse, Konfuzius, Pythagoras, Plato, Mohammed und Jesus verkündet wurde.

Allzuoft verhüllen die Auslegungen das Wesentliche. Da jede einzelne sich der anderen widersetzt, sucht man diese oder jene, die seinen Wünschen entspricht, zu verteidigen. Dies führt zu Konflikten, die Ausdruck einer schwarzen Magie sind.

Richtig verstanden, setzt die Kenntnis des Gesetzes der Lebensrhythmen, welches den Menschen anhält, stets das Gute, Schöne und Wahre zu wollen, selbständiges Denken voraus.

Kehren wir jetzt in Gedanken zurück zu dem Vorweihnachtsabend des Jahres 1942 in London. Die Flakgeschütze hörte man von weitem. Ein starker Wind schüttelte die hölzernen Fensterläden, die ächzten und knirschten. In meinem Bett liegend, hörte ich den Sturm heulen und dachte nach.

Während meines kurzen Aufenthaltes in der britischen Hauptstadt wohnte ich in einem Haus der westlichen Vorstädte. Marie-Michelle, die Besitzerin, eine Französin, die einen englischen Offizier geheiratet hatte, besaß mediale Fähigkeiten und liebte es, Tische zum Drehen zu bringen und Freunden, die ihr vertrauten, mitzuteilen, was ihr die guten Geister eingaben.

Trotz der späten Stunde konnte ich nicht schlafen, denn die Angst und der Zweifel nagten an mir. Als Offizier sollte ich am nächsten Tag ein Flugzeug nach Gibraltar besteigen, um dort ein Unterseeboot zu benutzen, das mich an der Südküste des besetzten Frankreichs absetzen würde. Die umgekehrte Fahrt hatte ich vor kurzem erfolgreich unternommen.

Meine Intuition täuschte mich selten. Diese letzten zwei Jahre hatten meine hyperphysischen Wahrnehmungsfähigkeiten verfeinert. Vorahnungen hatten mir mehr als einmal das Leben gerettet. Auch war ich fest davon überzeugt, eine subtile Verbindung zu überweltlichen Vernunftsebenen zu besitzen. Demnach war ich mir bewußt, daß es, innerlich still und voller Vertrauen, möglich wäre, dem Druck der Angst zu entgehen, aber es gelang mir nicht, diesen Zustand zu erreichen.

Die Besetzung Südfrankreichs, die vor kurzem stattgefunden hatte, war ein zusätzlicher Faktor meiner wachsenden Unruhe. Es war mir völlig klar, daß meine letzte Stunde bald schlagen würde. Um all dem die Krone aufzusetzen, erreichte mich die Nachricht, daß ein in Frankreich verbliebener Offizier, dem ich versprochen hatte, eine Antwort aus London mitzubringen, verhaftet worden war.

Die Tatsache, daß dieser Offizier die genaue Stelle kannte, an der mich das Unterseeboot absetzen sollte, war eine große Bedrohung, wenn man die Methoden der Gestapo kennt, Menschen zum Reden zu bringen.

Ich sah alles in Schwarz, unfähig, mich zu entspannen. Unfähig, wie es mir vordem manchmal gelungen war, die mentale Spannung abzustreifen, wie man sich eines Kleidungsstückes entledigt. Ich drehte mich in meinem Bett hin und her, als sich plötzlich die Tür lärmend öffnete. Vom Licht des Nebenraums beleuchtet, erblickte ich Marie-Michelle im Nachthemd, ihre Haare in Unordnung, sich mir nähern. »Ich sehe Blut«, sprach sie mit schriller Stimme, »Blut überall. Sie wollen morgen abreisen. Bleiben Sie hier! Ich flehe Sie an, bleiben Sie hier!«

Sie brach in Tränen aus. Ich versuchte, sie zu beruhigen, und es gelang mir nach einer Weile.

»Ein Offizier in Kriegszeiten hat seine Befehle. Danke, mich zu warnen. Hoffen wir, daß die Geister sich diesmal irren.«

17

»Sie irren nie«, widersprach Marie-Michelle. »Jene, die durch mich sprechen, sind Schutzengel. Ihre Warnung zu übersehen, ist Wahnsinn. Glauben Sie meinen Worten!«

Weinend verließ sie mich.

Von Schlaf war nun keine Rede mehr. Ich dachte an meine beiden Töchter; ich dachte an die Menschen in der ›Festung Europa‹, die in Gefahr waren und denen ich helfen sollte, denn dies war meine Mission. Und so verging die Nacht in qualvoller Spannung. Der folgende Tag erschien mir lang, grau und unheilvoll. Am Spätnachmittag bestieg ich mit einem jungen Bretonen, der mein Funker sein sollte, das Flugzeug. Die Angst haftete an mir, und ich konnte sie nur schwer verheimlichen. Das Brummen der Propeller des Wasserflugzeugs schien mir ein schlechtes Vorzeichen. Die Todesangst ist keine gute Beraterin. Ich war fest davon überzeugt, daß ich der Folterung und meinem Ende entgegenflog.

Wir flogen über dem Atlantischen Ozean, weit westlich von Portugal, als eine näselnde Stimme im Lautsprecher hörbar wurde. »Bereiten Sie sich auf eine Notwasserung vor«, lautete die Aufforderung. Keine Nachricht hätte mich mehr erfreuen können. Ich fühlte mich plötzlich völlig befreit. Die angespannten Nerven meines Körpers gaben nach. Eine tiefe Ruhe überkam mich. Ein neuer Bewußtseinszustand war erreicht. Statt einen Absturz und die eiskalten Wellen des Ozeans zu fürchten, schlummerte ich, von einem euphorischen Gefühl übermannt, ein.

»Mensch, nehmt eure Schwimmwesten«, brüllte ein Offizier, der in die Kabine stürzte. »Seid ihr verrückt geworden?« Ich gehorchte dankbar erlöst.

Ich könnte hier den Bericht abbrechen, da ich ja nur die Magie der Umkehrung bezeugen wollte, die ich am Ende des Kapitels kurz erläutern werde. Eines ist gewiß: durch ein unerwartetes Ereignis wandelte sich die Angst in Zuversicht.

Es gibt keine Magie, nur Zufall, mag der Leser ausrufen. Zufall ist ein Wort, das unser Unwissen verbirgt. Wie dem auch sei, dem Leser soll nicht das Ende des Abenteuers vorenthalten werden.

Wir hatten Zeit, ins Wasser zu springen, auf ein Schlauchboot zu steigen, welches der Pilot abgeworfen hatte, und wir wurden später frierend, seekrank, aber lebend von einem portugiesischen Fischerboot aufgefischt.

Folgende Fragen stellen sich jedoch: Wie hätte ich meinem Schicksal besser vertrauen können? Wie besser hätte ich mich der überweltlichen Ordnung anheimgeben sollen, ohne zu zweifeln und im Vertrauen, daß dramatische Umstände sich dank einer Fügung ändern könnten? Jedenfalls geschah es.

Man könnte sich vorstellen, daß Vertrauen den rhythmischen Anklang der Kräfte des Grundes mit denen der Weltseele hervorruft und daß man somit in der Schwingung der Harmonie des Lebens den nagenden Ängsten entgeht.

Meine Rettung glich einem Wunder. Verdient hatte ich es in diesem Fall nicht. Allerdings war ich wirklich meinem Tode entgegengeflogen. Als ich später nach London zurückkam, erfuhr ich, daß der Absturz mir das Leben gerettet hatte.

Meine Intuition war richtig gewesen, aber sie nahm mich gefangen und lähmte alle meine Fähigkeiten. Ich hatte das Vertrauen verloren und somit auch die Verbindung zu der überweltlichen Fügung. Es ist unmöglich, Vertrauen haben zu wollen, so wie man eine Lektion lernt.

Nur im Verständnis, das scheinbar Unannehmbare anzunehmen, also seinem Schicksal zu vertrauen, mag auch das Unmögliche möglich werden. Die Erkenntnis einer überweltlichen Ordnung führt zu innerer Ausgeglichenheit. Ausgeglichen und ruhig ist man fähig, seine Gesamtvernunft zu Rate zu ziehen, also weise zu handeln. Meine Einbildungskraft vergrößerte die Angst der Kreatur in mir. Plötzlich, durch die Ansage der Notwasserung befreit, empfand ich die Ruhe, die das Vertrauen zur überweltlichen Fügung hervorruft.

Eine weitere Frage kann gestellt werden. Wie erklärt sich die Vision Marie-Michelles, die ja völlig richtig war? Und wie erklärt sich, daß eine zweite Vision, die des Absturzes, also der Rettung, von ihr nicht wahrgenommen wurde? Antworten kann ich auf diese Fragen nicht geben, aber annehmen kann ich, daß meine Gedanken telepathisch aufgenommen wurden und die Prophezeiung bewirkten.

Kehren wir nun zum Wrack des Flugzeuges zurück. Mein Funker, der mich begleitete, gab mir, bevor wir ins Wasser sprangen, eine Lektion, die ich nicht vergessen werde.

Das Flugzeug prallte einige Male auf der bewegten Oberfläche des Meeres auf. Der linke Flügel war von den Wellen abgerissen worden, und der Rumpf wies ein großes Loch auf. Im Cockpit versammelt, warteten wir auf den Befehl des Piloten, ins Wasser zu springen.

Er hoffte, daß das Flugzeug einige Sekunden schwimmen würde, bevor es sank, was uns den Sprung erleichtern sollte und ihm Gelegenheit geben würde, schnellstens ein Floß flottzumachen.

In dieser kurzen Wartezeit zeigte mir Henri, der Bretone, der gleich neben mir stand, ein Medaillon der Jungfrau Maria.

»Springen wir Hand in Hand. Ich kann nicht schwimmen«, murmelte er. »Die Jungfrau Maria wird uns helfen, im richtigen Moment unsere Schwimmwesten aufzublähen. Ich habe keine Angst. Sie beschützt uns. Dieses zweite Medaillon«, fuhr er fort, »gab mir meine Mutter. Ich schenke es Ihnen. Jetzt kann Ihnen nichts passieren.«

Wir sprangen Hand in Hand, und unsere Schwimmwesten brachten uns schnell an die Oberfläche. Wir hievten uns auf das Floß, das dank einer Batterie von kleinen Lämpchen beleuchtet war. Vorläufig waren wir alle gerettet.

Die Geste Henris, dessen wurde ich mir später bewußt, war wesentlich. Als vom Herzen kommend vermittelte sie ein Gefühl der Brüderlichkeit. Sein Vertrauen gebar eine warme, menschliche Verbundenheit. Im Schenken eines Objektes, dem er viel Wert beilegte, da es das Band versinnbildlichte, das ihn mit den Seinen einte, wie auch im Glauben an den göttlichen Schutz, den er mir zugänglich machen wollte, bewies er seine Zuversicht.

Als ich später darüber nachdachte, fragte ich mich, welche besondere Magie sich in den Medaillons, den Talismanen, Reliquien und Amuletten verberge. Die Spiritualität, die sie verbildlichen, die Opfer, die Reliquien ins Gedächtnis rufen, wie auch die Symbolik, die auf das Unterbewußtsein wirkt, vermitteln eine Beziehung zwischen dem Vergänglichen und dem Ewigen, zwischen dem Menschlichen und dem Unantastbaren. Die schöpferische Einbildungskraft spielt eine Rolle und stärkt den Glauben der Amulettträger. Sie ist es aber auch, die zu Enttäuschungen führt, weil man dem Objekt eine Macht zuschreibt, die es nicht hat.

Die Macht, um die es geht, ist geistiger Natur und das Objekt nur seine sichtbare Spiegelung. Das Objekt und seine Spiegelung veranschaulicht auf dieser Ebene die Magie der Umkehrung, da letztere die Erkenntnis einer unumstößlichen Beziehung zwischen anscheinend Gegensätzlichem vermittelt.

Die Worte Goethes »Nichts ist drinnen, nichts ist draußen, denn was innen ist, ist außen« illustrieren die Zusätzlichkeit alles anscheinend Gegensätzlichen.

Auch die Worte Jesu »Wenn ihr aus dem Innen das Außen und aus dem Außen das Innen macht, tretet ihr ein ins Reich« bestätigen diese Tatsache.

Somit kann ein unerwartetes Ereignis höchste Spannung, in diesem Falle Angst, in das Gegenteil wandeln, und dieser Wandel verbildlicht die Magie der Umkehrung.

Das wandelnde Element muß nicht einem äußeren Umstand zu verdanken sein. Es kann aus dem Tiefstinnern quillen und der geistigen Tugend entsprechen. Von ihr wird noch die Rede sein, denn sie soll keineswegs mit einer wie immer gearteten Moral verwechselt werden.

Geistige Tugend ist eine Fähigkeit, die als Offenbarung innerer Reife antagonistische Kräfte in neue

Bahnen leitet, um Mißklang in Einklang zu wandeln, um auf diese Weise die Magie der Umkehrung zu vollziehen. Das Gesetz der Harmonie wird sodann gewahrt, und die Ereignisse, die unserer Zeit ihre Prägung gaben, bezeugen die Kraft und Macht der Gesetze des Lebens, deren Vergewaltigung stets katastrophale Folgen nach sich zieht.

Diese Behauptung wird auch von denen nicht verneint, die sie nicht in Wort und Tat berücksichtigen. Wir wissen es, rufen sie immer wieder von neuem aus, aber tausend Jahre Macht ist zwischenzeitlich unser Ziel.

Hitler dachte an ein tausendjähriges Reich. Er verschmähte die geistige Tugend; sein Machtwille verführte ihn. Jenseits jeder politischen oder sozialen oder nationalen Bedingtheit ist Einsicht in die verborgenen Hintergründe des phänomenalen Aufstiegs eines Gefreiten die Einsicht in die Arkana der Zusammenhänge, die kaum verständlich sind, wenn man die zersetzende Atmosphäre dieser Periode des Weltgeschehens nicht erlebt hat.

»Darf«, so wurde ich gefragt, »der dem Guten zugewandte Mensch zulassen, ohne einzugreifen, daß Böses vor seinen Augen gefordert und verbrochen wird?«

Wenn man die zersetzende Atmosphäre dieser Zeit erlebte, kommt die Antwort wie von selbst. Einbezogen in eine Gefühlswelt, deren Vielseitigkeit ihm entgeht, ist er überfordert. Er kann Gut und Böse nicht mehr unterscheiden. Im Wirbel des stets entmenschenden Krieges kann er nur mitmachen, ob er will oder nicht. Heroische Beispiele des Gegenteils gibt es, aber sie sind und können nur vereinzelt sein.

2

Eine Begegnung und ihre Magie

Es gibt Begegnungen, die zu einem völligen Wandel der Denkschemen und somit zu einer ganz anderen Weltsicht führen. Meiner Einstellung nach und meinem Studium entsprechend war die rational-logische Beobachtung aller weltlichen Phänomene die unumstößliche Notwendigkeit vor jeder Entscheidung. Sie wurde mit einer Wucht umgestoßen, die ganz unerwarteten Umständen zuzuschreiben ist.

Nach dem Zusammenbruch Frankreichs trat ich in London der britischen Armee bei und meldete mich freiwillig, eine völlig unrealistische Mission zu erfüllen: Polen, Tschechen und anderen in Südfrankreich gestrandeten alliierten Soldaten oder Offizieren einen Ausweg über das Mittelmeer aus Frankreich und demnach aus der vorhersehbaren Festnahme zu organisieren.

Im August 1940 war ich bereits auf dem Weg zurück nach Frankreich. Durch unvorhergesehene Umstände mußte ich die geplante Route an der spanischen Grenze aufgeben. Glücklicherweise konnte Pedro, ein Unteroffizier der von Franco geschlagenen republikanischen Armee, mir helfen. Der Haß war nach dem Bürgerkrieg groß, und Pedro sagte mir, an welche Türen ich mit einem Losungswort anklopfen konnte, um Spanien sozusagen im Untergrund zu durchqueren.

Doch bei einer der genannten Türen öffnete niemand, als ich klopfte. Der spanische Bürgerkrieg hatte das Land verwüstet. Die kleine Stadt am Hang der Pyrenäen war dunkel und still.

Die Franco-Polizei war allmächtig, und ich dachte um drei Uhr morgens verzweifelt, am Ende meiner ungenügend vorbereiteten Mission angelangt zu sein. Wohin? An wen mich wenden? Ich war eine Schattenfigur, ein illegaler Don Quixote, und kein Hahn würde nach mir krähen.

Ein Lichtchen im Schaufenster einer *pharmacia* zog mich an. Ich öffnete die Tür. Eine Stimme lud mich ein, mich zu setzen. Ich traute meinen Ohren kaum. An einem Stehpult schrieb ein Mann. Später bemerkte ich, daß er komponierte.

Er schien nicht erstaunt über den späten Gast. Mit einer Handbewegung lud er mich zum Sitzen ein, und als er meine Ermüdung bemerkte, führte er mich, ohne eine Frage zu stellen, in einen kleinen Nebenraum und zu einem Diwan. Ich legte mich hin und schlief ein, ohne zu wissen, was passieren würde, unfähig auch nur zu denken.

Am nächsten Morgen erkundigte sich mein Gastgeber mit freundlichen Worten, wer ich sei, woher ich käme. Nach einigem Zaudern und mit klopfendem Herzen erzählte ich ihm die Wahrheit. Er nickte mit dem Kopf und stellte die mir damals unverständliche Behauptung auf: »Ich habe Sie erwartet.«

Wie das möglich gewesen sein soll, überstieg mein Fassungsvermögen. Eines war klar: Ein Wunder hatte mich zu dem vielleicht einzigen Menschen geführt, der mir helfen wollte und konnte. Mut war unter den damaligen Verhältnissen auf der iberischen Halbinsel notwendig – und Vertrauen selten.

Die Worte »Ich habe Sie erwartet« wurden zum Ausgangspunkt einer Wandlung, aber nur einige Zeit später erklärte mir Garcia, mein Retter, welch tieferen Sinn er dieser Behauptung verlieh. Er versuchte, es mir klarzumachen, nicht nur während der wenigen Tage, die ich bei ihm in Jacca verbrachte, sondern auch bei späteren Treffen.

Hier die Erklärung, die alle meine damaligen Meinungen über den Haufen warf, besonders auch, weil meine nachträglichen Erfahrungen ihre Richtigkeit bewiesen.

Der Zufall, so meinte Garcia, sei das Gesetz des Lebens, das unerkannt waltet. Es verkennend, rufen wir ihn an. Wenn man jedoch das Gesetz der überweltlichen Ordnung und ihrer Harmonie als ein unumstößliches Gesetz ansieht, welches das Bestehen des Universums, so wie wir es wahrnehmen, bedingt, ist man im rhythmischen Einklang an einer dem Kosmos innewohnenden ordnenden Kraft angeschlossen, welche der vorgesehenen Gesetzmäßigkeit des Universums entspricht.

Das Wunder der Fügung, die sich in einer Begegnung, in einem unerwarteten, ja unwahrscheinlichen Ereignis, in einer jeder Logik widersprechenden Entscheidung offenbart, ist sodann ein selbstverständlicher Ausdruck der überweltlichen Ordnung und Harmonie.

»Helfend eingreifen zu wollen«, meinte Garcia, »um die Wirrnisse in einem Hexenkessel zu lindern, ist ein Versuch, gestörte Harmonie wiederherzustellen. Es ist also nicht dem Zufall zuzuschreiben, daß ich diese Nacht nicht schlief, daß ich das Kerzen-licht im Globus des Schaufensters brennen ließ, daß ich überhaupt da war, um Sie zu empfangen. Es ent-sprach der Ordnung der Dinge des Lebens.

Im übermentalen Verständnis dieser anscheinend an den Haaren herbeigezogenen Erklärung wird sich Ihr Bewußtsein weiten, und Sie werden die Schwelle überschreiten, die rational-logische Skepsis von den Zusammenhängen trennt, die in der Bewegung des Lebens alles und jeden mit allem und jedem einen. Der Rhythmus der Seele des einzelnen schwingt in harmonischem Einklang, also im Rhythmus der Weltseele, sagten unsere Vorväter, in der Absicht auszudrücken, wie bestens ein Mensch zu sein.«

Ich hörte zu, muß aber ehrlich zugeben, daß ich vorerst in meiner damaligen Auffassung verharrte. Ich erkannte gut die Mühe, die sich Garcia gab, mir Anweisungen verständlich zu machen, die mir hel-fen sollten, meine gefährliche, scheinbar aussichts-lose Mission zu erfüllen.

Meine psychologischen Wahrnehmungsfähigkei-ten müßten, so fuhr er fort, durch einen Wandel in der Lage sein, jede impulsive Reaktion durch uner-schütterliches Vertrauen zu ersetzen.

»Eine Askese ist empfehlenswert«, meinte Gar-cia. »Auch wenn Sie denken, meine Lehren seien metaphysische Fabeln und daher unanwendbar, bit-te ich Sie zu bedenken, wenn es Ihnen gelingt, sehr bald Marseille zu erreichen, daß Sie mich in einem besonderen Augenblick Ihres absonderlichen Aben-teuers getroffen haben. Das mag Sie dazu veranlas-sen, meinen Ratschlägen zu folgen.«

»Ich dachte«, erklärte ich verdutzt, »eine Askese sei ein mystischer Vorgang, der eine besondere Vorbereitung erfordert?«

Garcia lächelte. »Sie sind nicht der einzige, der über dieses Wort stolpert. Der griechische Ausdruck entspricht einer Übung. Im weiteren Sinne mag man ihr das Eigenschaftswort ›lautere‹ hinzufügen. Es handelt sich nicht um einen Zwang und auch nicht um eine Bürde, sondern um ein Erwachen der Wahrnehmungsfähigkeiten, die ein erweitertes Bewußtsein hervorrufen.

Daß eine Askese nur Zugelassenen zugänglich war, ist gewiß. Sie bildete ohne Zweifel im alten Ägypten das Bindemittel einer Theokratie, die jahrtausendelang bestand. In diesem Land verglich man Magie mit einer Leiter, deren Sprossen man ersteigen mußte.

In der Überzeugung, daß Harmonie durch die Schönheit der Formen und Farben, durch die Macht der rhythmischen Gebärden der Gottheiten und durch die Schwingung der Hieroglyphen einen mystischen Einfluß ausübte, wurde sie als eine religiöse Andacht bezeichnet.

Die Askese nahm in Europa nach der Einführung des Christentums andere Formen an. Vor allem in Klöstern dachten die Mönche, sie würde das ewige Heil nach dem Tode verbürgen. Tatsächlich jedoch soll sie den Menschen befähigen, seine Berufung zu erfüllen. In dieser Sicht muß sie seine Bereitschaft des Herzens und des Geistes stärken, auf daß keine Theorie, kein Dogma und keinerlei Voreingenommenheit sie verfälsche.«

Garcia sprach schnell und eindringlich. Ich fühlte, welch großen Wert er seinen Lehren zu geben versuchte, aber sie schienen mir abstrakt und schwer annehmbar. »Wie könnte ich«, fragte ich zurückhaltend, »Ihre Behauptungen praktisch umsetzen? Soweit ich Sie verstehen kann, soll ein Wandel meiner Gedankenwelt unerwartete günstige Folgen zeitigen.« Garcia nickte.

»Meine Eile, Ihnen in kürzester Zeit manches Wesentliche mundgerecht zu machen, ist sehr hinderlich. Ich will versuchen, anders vorzugehen. Glauben Sie mir jedoch, daß ich es als meine Aufgabe ansehe, Ihnen hilfreiche Weisheitslehren verkürzt verständlich zu machen, weil ich ihren Wert kenne.« Er schaute mich mit seinen gütigen, bebrillten Augen an und fuhr fort.

»Das Gesetz der Folgen und Ursachen betrifft uns alle. Das Dasein hat einen Sinn, aber der Mensch muß ihn erkunden, da er für jeden verschieden ist. Demnach könnten Begegnungen, Prüfungen, Leiden, Haß, Freude, Tod Antwort geben auf brennende Fragen. Sie werden seit jeher gestellt. Woher, wohin, wozu sind die drei Wörter, die das Mysterium das Daseins umschreiben.

Die Antwort bleibt aus, aber eines soll nicht geleugnet werden, die Fügung ist keine Illusion. Das zu beweisen ist meine Absicht, nicht etwa, um Ihnen meine Meinung aufzudrängen, was völlig falsch wäre. Nein, ich möchte Ihnen in der kleinen Zeitspanne hier einen Stützpunkt geben, der Sie unter Umständen retten kann.«

Nach einer Weile sprach mein Gastgeber weiter.

»Wir wollen oftmals einem außergewöhnlichen Meister, einem Engel, einem Heiligen folgen, der unsere Zweifel löst und unseren Glauben stärkt. An dies oder das zu glauben, versetzt keine Berge. Der authentische Glaube ist ein Seinszustand, in welchem man sich der Wahrheit öffnet. Er ist der Ausdruck der geistigen Tugend, weswegen ich so großen Wert auf alles bisher Gesagte lege. Wenn Sie Ihrer Eingebung vertrauen und Ihre Vernunft wie auch Ihr Gewissen zustimmen, wird sich das Wunder nicht zufällig, sondern folgerichtig ereignen.«

Er atmete tief ein, zuckte mit den Achseln und endete schlicht: »Allzuviel ist ungesund. Kurz zusammengefaßt, wollte ich folgendes Verständnis erwekken. Askese als Weitung der Wahrnehmungsfähigkeiten erzeugt Vertrauen zu einer nicht zu leugnenden Vorsehung, die das Bestehen des Universums gewährleistet. Vertrauen ersetzt Angst. Im Hexenkessel einer Weltumwälzung ist dieses Vertrauen ein Ausdruck geistiger Tugend. Angstfrei selbst in Augenblicken größter Gefahr, werden Kräfte in Bewegung gesetzt, die im weisen Handeln der Vorsehung entsprechen und somit wohltuende und unerwartete Folgen nach sich ziehen. Amen.«

Der Tag des Abschieds kam. Das Tor, an welches ich vergebens geklopft hatte, hatte sich für Garcia geöffnet. Die von Pedro vorgesehene Verbindung war wiederhergestellt. Alles war für mich vorbereitet, um als blinder Passagier im Tender einer Lokomotive den Grenzübergang nach Frankreich zu wagen. Das Unternehmen gelang, und so kann ich heute, ein halbes Jahrhundert darauf, bezeugen, daß das Wundersame jedem zugänglich ist, der die Vorsehung nicht leugnet.

3

Wundersame, unsichtbare Zusammenhänge

Zu dieser Zeit glaubte ich nicht an Wunder. Seither habe ich sie erlebt. Der Bericht eines dieser Wunder soll hier seinen Platz finden, nicht etwa aus Sensationslust, sondern als ein Beitrag, der die Wirkungskraft subtiler Energien bestätigt.

Im Vorwort zu Beginn dieses Buches machte ich darauf aufmerksam, daß gewisse, in einem vergriffenen Buch erwähnte Ereignisse kurz wieder beschrieben seien, um in einem anderen Licht verborgene Zusammenhänge zu entdecken.

Vorausgeschickt sei, daß Krieg Haß erzeugt. Haß entmenschlicht, und da menschliche Initiativen höllische, aber auch, allerdings seltener, himmlische Kräfte in Bewegung setzen, entstehen unvorhersehbare Verbindungen des Besten und des Schlimmsten.

Die bereits erwähnte Magie der Umkehrung bewirkt die günstigen oder ungünstigen Folgeerscheinungen, weil es dieselbe Energie ist, die sowohl in die eine wie in die andere Richtung leitet. Wenn Ereignisse höchst unerwartet erscheinen, werden sie als Wunder bestaunt, weil sie jeder Logik entgehen. Ich will versuchen, eine Begebenheit zu schildern, die als Wunder bezeichnet werden kann, so wie ich sie Garcia beschrieb, kurz nachdem sie sich ereignet hatte.

Gegen Ende des Krieges trafen wir uns in einer Köhlerhütte mitten in einem dichten Tannenwald auf der spanischen Seite der Pyrenäen. Die gesamte Region war verbotenes Gebiet, aber mein spanischer Bergführer kannte sie gut. Trotz der Schwierigkeiten, die steil aufsteigende Felswände und schwer zu erklimmende Moränen bildeten, benutzten wir schon seit langem Gemsenpfade, um gefährdete Menschen aus der Festung Europa in die Freiheit zu lotsen.

Die Atmosphäre in der Köhlerhütte war seltsam. Auf der Feuerstelle glühten Holzkohlen. Eine Öffnung im Dach diente als Rauchfang. In einem Kessel, der an einem Dreifuß hing, kochten weiße Bohnen. Der Grund unserer Begegnung war die Festnahme eines unserer Bergführer durch die Franco-Polizei.

Ich hoffte, Garcia könnte dank seiner Beziehungen helfen, seine Freilassung zu erwirken. Die Politik Spaniens wurde langsam freisinniger, aber ein erschwerender Umstand bestand: Unser Bergführer war ein ehemaliger Offizier der republikanischen Armee.

»Ich werde mein Bestes versuchen«, versprach Garcia. »Was gibt es Neues, seit wir uns gesehen haben?« – »Ich möchte Ihnen«, antwortete ich, »eine wesentliche Erfahrung mitteilen und Ihre Meinung hören. Sie wissen, wie ausschlaggebend unsere allererste Begegnung war. Ihre letzten Worte, als ich Sie damals in Jacca verließ, klingen noch in meinem Ohr. ›An dem Tag, an dem Sie verstehen werden, daß an Kreuzpunkten unseres Daseins die Wirkungskraft geistiger Tugend das Unmögliche ermöglicht, werden Sie die Schwelle überschreiten, jenseits welcher die Meisterung unseres Schicksals durch unsere Initiativen vorgesehen ist.‹«

»Erzählen Sie.« Garcia nickte zustimmend.

»Stellen Sie sich eine Gaststätte vor«, fing ich an, »in einer kleinen, wenig benutzten Gasse, die jedoch zwei Hauptstraßen im Zentrum der Stadt miteinander verbindet. Stellen Sie sich einen rechteckigen Raum vor, Saal genannt, dessen halbe Breite von einer Theke eingenommen ist. Offen zum ›Saal‹ ein kleiner Raum, dessen Wände von Schränken verdeckt Geschirr, Gläser und Flaschen wie auch Proviant enthalten.

Von diesem Raum führt eine kleine Holztreppe zum ersten Stock zu einem zweiten Saal, in welchem einige Tische und Stühle für Kunden bereitstehen. Mittags und abends wird ihnen auf einem Gasherd ein Imbiß zubereitet.

Die Wirtsfrau und ihre zwei Töchter Cécile und Cathérine bewirtschafteten das Ganze. Der Wirt kümmerte sich um die Gäste an der Theke. Es war nicht leicht in dieser Zeit, Nahrungsmittel zu finden. Das Jahr 1943 war drei Monate alt und der Winter war hart, selbst in diesem südlich gelegenen Land von Bigorre. Der Wirt kannte alle seine Kunden, und so wurde er plötzlich wortkarg, wenn sich ihm ein unbekanntes Gesicht zeigte.

Groß war damals das Mißtrauen eines jeden vor jedem. Die verschiedensten Polizeieinheiten, sowohl nationale wie auch der Besatzungsmacht, hatten die Gaststätte ins Auge gefaßt, die, so vermuteten sie, ein ›Terroristentreffpunkt‹ sei.

Die Macht der Gewohnheit ist groß, und so spielt man allzuleicht mit dem Feuer, ungewahr der drohenden Gefahr. All das ist Ihnen bekannt«, wandte ich mich an Garcia. »Aber es ist Ihnen vielleicht weniger geläufig, daß die Gaststätte ein Sammelpunkt war, von dem aus der Weg in die Freiheit über die Pyrenäen führte.

Porthos war der Deckname für den Wirt. Er war eine große Hilfe, wenn sein Mut wie auch seine Fähigkeiten, die unglaublichsten Schwierigkeiten zu meistern und Schuhe wie auch Kleidungsstücke für unsere ›Reisenden‹ herbeizuschaffen, jeder Beschreibung entgeht. Er litt an Rheuma, konnte sich nur schwer bewegen, aber sein Fahrrad war selten unbenutzt.

Wir nannten unsere Reisenden ›Pakete‹. Sie konnten uns erreichen, wenn zum Beispiel Piloten vor ihrem Abflug in England eine Adresse mit einem bestimmten Losungswort erhielten. Sie sollten dort, falls sie abgeschossen würden und sich mit dem Fallschirm retten konnten, auf dem Fluchtweg Unterschlupf suchen.

Auch halfen wir, wie Sie wissen, Menschen, die in unmittelbarer Gefahr schwebten. Es war und ist ein halsbrecherisches Unternehmen, und wir alle, ganz besonders Porthos und seine Familie, waren uns bewußt, daß wir ständig unser Leben aufs Spiel setzten und setzen. Immer von neuem stelle ich fest, wie vorteilhaft es ist, im Taumel des Weltgeschehens unbetroffen, keineswegs gleichgültig, aber der Vorsehung vertrauend, der Gefahr ins Auge zu sehen. Vor unserem ersten Treffen war ich unfähig, mir vorzustellen, daß Ihre Aufforderungen zu einer Weltsicht verhelfen, derzufolge man aufhört, Spielball der Ereignisse zu sein.«

Garcia nickte zustimmend, und so nahm ich den Faden meiner Erzählung wieder auf.

»Eines Morgens, vor nicht allzulanger Zeit, kam ein junger Mann in die Gaststätte und wandte sich an Porthos. ›Einer Ihrer Freunde‹, er nannte ihn, ›hat mir diesen Koffer mit zwei zerlegten Maschinengewehren anvertraut. Ich möchte ihn hier in eine Ecke stellen, während ich in der Stadt zu tun habe. Ich hole ihn im Laufe des Vormittags wieder ab.‹ Es ist wohl unnötig hinzuzufügen, daß der unerlaubte Besitz von Waffen mit dem Tod bestraft wird. Als der junge Mann das Lokal verließ, warf ich Porthos vor, er sei allzu leichtgläubig. ›Du kennst ihn nicht. Jeder kann behaupten, ein Freund eines deiner Freunde zu sein. Vielleicht ist er ein Lockvogel.‹ – ›Ach‹, meinte Porthos, ›man muß jedem behilflich sein, der auf unserer Seite kämpft.‹

In der Ecke des Saales an der Wand stand der Koffer und wartete auf seinen Besitzer. Die Mittagszeit kündigte sich an und mit ihr der Augenblick der Botschaften des Londoner Rundfunks BBC. Cathérine versuchte, die stark gestörte Sendung zu empfangen und lächelte. ›Ich wiederhole den eben aufgefangenen Satz‹, erklärte sie. ›Das Einhorn wird nur halb betrogen.‹ – ›Das geht uns nichts an.‹ – ›Geht rauf, ich bringe euch was zu essen.‹

Porthos und ich folgten ihrer Aufforderung und setzten uns an einen der Tische im ersten Stock. Plötzlich, mit Riesengepolter und Geschrei, drangen Soldaten unten in den Saal ein. Drei von ihnen stiegen zu uns herauf und stießen uns brutal nach unten.

35

Ihren Abzeichen nach gehörten sie zur Truppe des Generals Vlassow, einem Weißrussen, der mit einigen seiner Anhänger der Wehrmacht seine Dienste angeboten hatte. Man fürchtete sie, denn ihre Grausamkeit war sprichwörtlich. Es waren ungefähr zehn Mann, die unten auf uns warteten. Ein Feldwebel kommandierte die Gruppe. ›Alle mit dem Gesicht an die Wand, Hände auf den Kopf. Wer sich umdreht, wird erschossen.‹ Wir gehorchten wortlos. Die Vandalen suchten nach Waffen, öffneten Türen und Schränke, warfen Gläser und Flaschen auf den Boden, durchstachen mit ihren Bajonetten Säcke und Pakete, kurzum, nichts sollte ihrer Suche entgehen.

Ein gegen die Wand geworfenes Glas zersplitterte und verletzte Porthos an der Wange, was Gelächter hervorrief. ›Terroristen seid ihr‹, brüllte der Feldwebel. ›Ich will es beweisen und euch abschlachten.‹

Alles wurde durchsucht, alles. Alles, bis auf den Koffer, der in voller Sicht in der Ecke stand. Niemand schien ihn zu beachten. Und so fanden die Soldaten nichts und verließen endlich das Lokal, das sich in einer schrecklichen Unordnung befand.«

Ich schauderte nachträglich, die Gefahr von damals erst jetzt wirklich verspürend.

Garcia hatte mich nicht unterbrochen. Er zuckte mit den Achseln.

»Was könnte ich hinzufügen? Sie haben ja alles gesagt. Unsere Vorväter sprachen von einem magischen Kreislauf, der die Verkettung der Bewußtseinszustände versinnbildlicht. Vertrauen führt zur

Annahme des Unannehmbaren. Dies führt zur inneren Ruhe, innere Ruhe zur Einsicht, die wiederum Vertrauen erzeugt. Der Kreis ist geschlossen.

Einsicht, Vertrauen, Annahme sind die Folgen, die dem Bewußtsein entsprechen, in welchem man nichts mehr festhält, nicht einmal den Wunsch zu überleben.

Ihr Bericht beweist, daß innere Ruhe eine subtile Kraft ausstrahlt, und diese Strahlung ist mächtig. Eine Aura von Schwingungen, in diesem Falle beruhigende Schwingungen, haben eine unerwartete Folge nach sich gezogen. Gemeinsam bedroht, haben Sie alle unbetroffen und ohne es zu wissen, die Vandalen überzeugt, daß ihre Suche nutzlos sei. Das Augenscheinlichste entging ihnen. Logisch ist das schwer zu erklären. Der Weise kennt jedoch die Kraft und die Macht der Gedankenenergien. Unbetroffen dachten Sie nicht an die Gefahr, die der Koffer darstellte, und Ihre Gedanken lenkten nicht die Aufmerksamkeit der Soldaten auf ihn.

Ohne dieses Vertrauen wären Sie heute alle tot. Erkennen Sie diese offensichtliche Wahrheit?«

Ohne eine Antwort abzuwarten, fügte Garcia hinzu: »Sie entkamen dem anscheinend Unentrinnbaren. Ich habe alle Ihre Überzeugungen über den Haufen geworfen. Ohne mir wirklich zu glauben, haben Sie einige meiner Ratschläge befolgt. Und jetzt mögen Sie feststellen, daß der magische Kreislauf einer Realität entspricht.«

Stunden waren verstrichen. Das Wesentliche war gesagt worden. Die Morgenröte kündigte den neuen Tag an. Garcia und ich mußten zurück, er nach Jacca, ich in den Krieg. Da das Ende des Konfliktes nahe schien, kamen wir überein, uns vorzubereiten, sobald Frieden geschlossen sei, gemeinsam zu wirken, um im Rahmen unserer Möglichkeiten mitzuhelfen, die verheerenden Folgen der Kriegszeit zu mindern.

Wir umarmten uns und brachen auf, nicht ohne von der Majestät des Waldes, in dem wir uns befanden, tiefstens beeindruckt zu sein.

Zum Abschluß des Kapitels wäre es angebracht, eine weitere Begebenheit anzuführen, die auf dem Rückweg stattfand. Sie rettete meinen Bergführer und mich vor dem sicheren Tod, aber ich fürchte, man könnte mir vorwerfen, meine Einbildungskraft verleite mich, ›Wunderbares‹ beweisen zu wollen. Dies ist nicht meine Absicht. Um die Kraft und Macht einer der überweltlichen Ordnung entspringenden Dynamik zu veranschaulichen, und um den skeptisch-logisch denkenden Menschen zu veranlassen, nicht nur seiner Ratio zu vertrauen, sie aber keineswegs zu verschmähen, möchte ich meine Überzeugung klarlegen. Sie ist das Resultat tatsächlicher Erfahrung.

Ich denke, daß die Entwicklung der Menschheit den Bestimmungen eines ihr zugedachten *Archetyps* entspricht. Ohne die Theorie Darwins widerlegen zu wollen, was meinen Fähigkeiten nicht entspräche, kann ich mir schlecht vorstellen, daß ein Ur-Lebenspartikel äußeren Umständen zufolge sich über Millionen Jahre entweder zu einer Fliege oder zu einem Menschen entwickeln würde. Eher könnte ich mir vorstellen, daß, einer Vorsehung des Schöpfers entsprechend, jedes Lebewesen Entwicklungsstufen ersteigt, die für jedwede Gattung im Rahmen einer archetypischen Vision, wenn auch in verschiedensten Formen, vorgesehen ist.

Der kleinste und der größte Affe sollen nicht als menschliche Vorväter betrachtet werden, denn sie gehören zu einem eigenen Archetyp.

Der Mensch hat eine Entwicklungsstufe erreicht, auf der jede Programmation wegfällt, weil seine Initiativen eine seiner Vernunft angemessene Verantwortung wachrufen. Er ist imstande, Kräfte der Lebensdynamik in Bewegung zu setzen, die unter gewissen Umständen die Wunder bewirken, die der Geist, der ihn beseelt, vollbringen kann. Das folgende Kapitel könnte diese Ansicht bestätigen.

Das Wunder eines phänomenalen Aufstiegs fand statt. Das mangelnde Gefühl der daraus entstehenden Verantwortung führte zum katastrophalen Niedergang.

4

Vision und Mystik

Der geradezu unglaubliche Aufstieg Hitlers, der in wenigen Jahren den unbekannten ehemaligen Gefreiten zum mächtigsten Mann Europas machte, kann nicht nur den organisatorischen Fähigkeiten einer Gruppe von Menschen zuzuschreiben sein.

In außergewöhnlichen Zeiten spielen immer außergewöhnliche Umstände eine ausschlaggebende Rolle. Verborgene Kräfte wirken, und eine gewisse psychische Bereitschaft der damaligen österreichischen und deutschen Bevölkerung erleichterte eine bewußte Einflußnahme, deren Folgen drastisch waren.

In bewegten Zeiten – und die Jahre zwischen den Weltkriegen waren bewegt – wendet man sich gerne den geheimen Kräften zu, in der Hoffnung, sie könnten helfen, die Probleme des Augenblicks zu lösen. Man träumt von einem Anderswo, in welchem man glücklich leben kann.

Völkisch-rassische Bewegungen gab es in Österreich schon vor dem Ersten Weltkrieg. Nach dem Versailler Friedensvertrag wuchs die Anziehungskraft, und vielversprechend erschien eine neue Weltanschauung.

Ein Volk, so hieß es, umschließt all jene, die ihre Angehörigkeit einer gemeinsamen Entwicklung und einer gemeinsamen Kultur, einer gemeinsamen Anerkennung ewig gültiger Werte sowie einer gemeinsamen Sprache verdanken. Im gemeinsamen Gesang und Tanz bezeugte man es.

Nach dem verlorenen Krieg war der Gedanke einer Zugehörigkeit in Deutschland und Österreich um so wesentlicher, als politische und soziale Spannungen ein tiefes Auseinanderklaffen der Bevölkerung beider Länder bewirkten.

Skeptiker verneinen die subtilen Energien, die auf physischer, psychischer und geistiger Ebene wirken. Da die Mystik einen schlechten Ruf hat, soll dieses Wort keinesfalls falsch gedeutet werden.

Ein Volk zu faszinieren, wie es fasziniert wurde, ist ein mystischer Vorgang. Allerdings muß er nicht als Machenschaft angesehen werden, sondern als die Wirkung der verborgenen Dynamik des Lebens. Die Faszination ist eine ihrer vielfältigen Offenbarungen.

Eine Schlange, die einen Vogel fasziniert und am Wegfliegen hindert, um ihn zu fressen, übt sie aus. Faszination ist keine Hypnose. Sie ähnelt einer Autosuggestion, die von einer Gemütswallung hervorgerufen wird. Greuel, Angst, aber auch Schönheit können faszinieren.

Es ist immer schwierig, historische Ereignisse, die von unzähligen Dokumenten bestätigt werden, mit Einflüssen in Verbindung zu bringen, die dort nicht erwähnt werden. Schriften, Tagebücher und vertrauliche Berichte gibt es jedoch, und ich glaube, mich in den folgenden Kapiteln nicht allzusehr von der Wahrheit entfernt zu haben. Ich habe versucht, unbetroffen, aber nicht gleichgültig, die bekannten und viel weniger bekannten Hintergründe eines Weltgeschehens zu skizzieren. Ich habe versucht, unvoreingenommen zu schreiben, um so mehr, als ich die Periode vor und während des Zweiten Weltkrieges intensiv erlebte.

Bewußt ein heikles Thema ansprechend, bin ich überzeugt, daß es notwendig ist, alle Ereignisse ins rechte Licht zu rücken oder zumindest die kollektive Verantwortung aller Menschen sichtbar zu machen.

Kurz vor Ende des Krieges hatte ich die Gelegenheit, streng vertrauliche Berichte zu studieren, die von den Alliierten in Deutschland aufgestöbert worden waren. Ich sollte eine Synthese der Metaphysik des Nationalsozialismus aufstellen.

Die damals gemachten Notizen benutzte ich, ohne zu vergessen, daß der eiserne Machtwille Hitlers, daß der Fanatismus seiner unmittelbaren Anhänger und ihre frevelhaften Verfahren die Machtübernahme dieses Mannes ermöglichten. Die folgenschwere Diktatur wäre jedoch undenkbar gewesen, hätten nicht verborgene Kräfte ausschlaggebend gewirkt. Hitler war wohl über seinen leichten Erfolg selbst erstaunt.

Geheimnisvoll ist die Psyche der Menschen. Die Fähigkeit, sie maßgeblich zu beeinflussen, gehört zur operativen Magie. Sie könnte heute Psychotronik genannt werden, eine Wissenschaft, die Psi-Phänomene untersucht.

Diese Fähigkeit zu erwecken oder zu erweitern, ist ein Unterfangen der zeremoniellen Magie. Sie stützt sich nach althergebrachter Sitte auf Rituale, die grundsätzlich mystische Handlungen sind, da sie die verborgenen Energien veranlassen sollen, paranormale Phänomene zu bewirken.

Die Gesetze der Dynamik sind auf allen Ebenen identisch. Eine gleichgeschaltete kohärente Energie ist viel wirkungsvoller, als eine nach allen Richtungen strahlende. Das Laserlicht ist ein Beispiel kohärenter Wirkungskraft, die in der unsichtbaren Dimension unseres Universums · ebenfalls offenbar werden kann.

Verlassen wir jedoch das Gebiet der Theorie und versetzen wir uns in Gedanken in die Nachkriegsperiode des Ersten Weltkrieges.

Allgegenwärtig war das Chaos, das sowohl in Deutschland als auch in Österreich die bisherigen, für unantastbar gehaltenen Strukturen und Werte über den Haufen warf.

Die Donau-Monarchie zersplitterte; die Wirtschaft brach zusammen; Putschversuche aller Art führten zu der katastrophalen Entwertung des Geldes. Der Versailler Friedensvertrag schien untragbar. Die Verarmung war allgemein; Haß und Not herrschten in beiden besiegten Ländern vor.

Der Bolschewismus, das Judentum, die Freimaurerschaft wurden zu Sündenböcken, weil, so wurde behauptet, sie den Dolchstoß orchestriert hätten, der im Hinterland, im Rücken des unbesiegten Heeres, den Zusammenbruch nach sich gezogen hatte.

Auch wagte man kaum, offen die siegreichen Mächte anzuklagen. Nun gab es schon vor dem Krieg in Österreich mehr oder weniger geheime Vereine, Orden und Bruderschaften, die uralte germanische Werte von den in der Habsburger Monarchie ansässigen fremdsprachigen Gemeinschaften behüten wollten.

Guido von List und später einer seiner Schüler und Anhänger, Jörg Lanz von Liebenfels, hatten unter dem Namen *Ariosophie* eine völkische Bewegung eingeleitet, die einer indogermanischen Tradition und somit einer längst verschwundenen Zivilisation zu neuer Blüte verhelfen sollte.

Eingeweihte Priesterkönige, so meinten sie, regierten seinerzeit weise, wurden aber besiegt und verjagt, nicht zuletzt, weil eine römisch-katholische Kirche barbarische Völkerschaften emanzipierte, obwohl eine solche Gleichberechtigung dem Ahnenerbe widersprach. Dank dem Ahnenerbe könnten nur jene, denen es zugedacht war, das Wesen der Runensymbolik erkennen, um, ihm gemäß, in der Jetztzeit durch einen Quantensprung von der mentalen zur übermentalen Ebene des Verständnisses zu gelangen. Im Mensch wirkende, verborgene Kräfte vermochten demnach, weise geleitet, paranormale Phänomene zu verursachen. Rassenreinheit war das notwendige Grundprinzip, und so war es die Aufgabe der indogermanisch-arischen Rasse, all jene zu bekämpfen und wenn nötig auszurotten, die unfähig waren, eine Neubelebung uralter Werte zu unterstützen.

Juden, Bolschewisten, Freimaurer personifizierten die zu bekämpfenden Barbaren, die der rassischen Gnosis zufolge, wenn auch unter anderen Benennungen, schon zu Zeiten der Kreuzzüge hätten unschädlich gemacht werden sollen.

Die Verbindung zwischen Bolschewismus und Judentum war um so leichter herzustellen, als Marx

und Engels als Urheber der in Rußland stattgefunde-
nen Revolution galten, die den Marxismus zur
Staatsreligion erhob.

Diese in Kürze skizzierte Vision einer anderen
Zivilisation faszinierte eine kleine Anzahl Menschen um so mehr, als das Chaos der Nachkriegs-
jahre größer wurde. Sie wurde vom Orden des
Neuen Templers, von der Thule-Gesellschaft, vom
Germanen-Orden und von sonstigen mehr oder
weniger bekannten Bruderschaften verbreitet. Hitler kannte sie und wurde sicherlich stärkstens von
ihr beeinflußt. Er nahm sich vor, den Antisemitismus als Hebel seiner Machtergreifung zu benutzen.

Eines ist gewiß: Die völkisch-rassische Vision
wurde die Plattform der nationalsozialistischen Bewegung. Ob die Gründer der Orden oder Vereine
die Magie der Umkehrung kannten, bleibt eine un-
beantwortete Frage. Jedenfalls ist es einer metaphysischen Dynamik zuzuschreiben, daß in Deutschland ein gigantisches Ritual inszeniert wurde, das
die Kräfte des Zerfalls in Kräfte des Aufbaus wandelte. Zügelloser Machtwille jedoch führte zum Zweiten Weltkrieg, weil statt wahrer Werte, wie ursprünglich geplant, falsche Auslegungen zwar persönliche
Macht bewirkten, aber keinem allumfassenden
menschlichen Fortschritt dienten. Im Gegenteil, die
umgekehrte Wirkungskraft führte zu den schlimmsten Greueltaten.

Das Hakenkreuz, orientalisches Symbol der Lebensdynamik, wurde zum Symbol der Macht. Symbole erwecken unbewußte Energien des Grundes,
die besonders wirksam sind, wenn Fahnen, Flag-

gen, Gesang, Märsche und Uniformen, von Aufrufungen unterstützt, eine nie endende Gespanntheit auslösen.

Die Magie der Umkehrung war im Gange, und orientalische Mystik verlieh ihr zusätzliche Potenz. Im Rahmen einer völkischen Angehörigkeit, kohärent gleichgeschaltet, entwickelte sich die Leistungsfähigkeit der Nation wie auch der Gedanke der Überheblichkeit.

Die Faszination, von Erfolgen unterstützt, hielt an, aber gleichzeitig wuchs die polizeiliche Überwachung ins Riesenhafte.

Angst ist ein Pfeiler der Schwarzen Magie, weil Angst zermürbt und den Gegner lähmt. Es gab Gegner, und manche zeigten großen Mut, aber sie unterlagen schnell.

Der Antisemitismus und die Judenverfolgung nahmen täglich ein größeres Ausmaß an. Eine gigantische Inszenierung war im Gange. Ein Riesenritual entfaltete sich. Das Ahnenerbe war sein Fundament, die Ariosophie seine Stütze. Im Takt der Trommeln, im intensiven Rhythmus der Aufrufungen, im Wirbel der Ereignisse entstand eine Art Taumel, in welchem das Unmögliche möglich schien. Jede Illusion verblendet, besonders, wenn ein ständiger Druck sie unentwegt verbreitet.

Für einen nach dem Zweiten Weltkrieg geborenen Menschen ist es fast ausgeschlossen, sich in die Gemütsverfassung des deutschen Volkes der damaligen Zeit hineinzuversetzen. Jeder Erfolg wurde als gebührende Belohnung angesehen, die einer Berufung entsprach, welche nunmehr erfüllt und in quasi mystischer Weise gefeiert wurde.

Ich war eines Tages im Jahre 1936 Zuschauer im Berliner Stadion während der damaligen Olympiade. Eine geradezu geniale Organisation wandelte die Zeremonie in ein Ritual. Das Stadion wurde zum Tempel. Der Aufmarsch der Athleten folgte als Schlußakt dem Gesang einer Anzahl von Chören und den Märschen verschiedenster Gruppen und Vereine in unterschiedlichsten Kleidungen und Uniformen, wobei das Wehen von Fahnen, Flaggen und Wimpeln die Militärmusik begleitete.

Es ist schwer, die Andacht zu beschreiben, die diesem Aufmarsch folgte. Eine tiefe Stille senkte sich über das Stadion, als Hitler in brauner Uniform mit erhobenem Arm erschien. Aus tausend Kehlen erscholl sodann wie auf einen Befehl der Ruf ›Sieg Heil‹, der in seiner Wiederholung unwiderstehlich eine bedingungslose Anbetung eines vergöttlichten Helden war.

Unvorstellbar ist es, zu denken, es wäre möglich gewesen, dieser faszinierten Menge glaubhaft zu machen, daß in Konzentrationslagern Millionen von Menschen Qual, Folterung und Tod erlitten oder erleiden würden.

Vorstellbar dagegen ist es, daß der kleine Mann in brauner Uniform sich davon überzeugte, unfehlbar und berufen zu sein, das germanische Reich, seiner Weltanschauung entsprechend, wiederherzustellen. Gefährlich wirkt die Magie der Unfehlbarkeit. Sie verleitet dazu, dem Dämonen Moloch Opfer zu bringen, der, wie die Sage es will, sie erheischt, um helfend einzugreifen.

So, wie es war, wandelte Hitler die Kräfte des Aufstiegs in Kräfte des Verfalls.

Dem Ahnenerbe zufolge sollten eingeweihte Priesterkönige ewig gültige Werte hüten und verbreiten. Statt dessen gründete Himmler die SS-Totenkopfstandarten und später die SS-Totenkopfverbände, die ursprünglich die Konzentrationslager überwachen sollten, aber denen manch andere Aufgabe zufiel.

Von ewigen Werten war keine Rede. Haß ersetzte sie, und es kann nicht geleugnet werden, daß von Anfang an die gewollte Vernichtung der angeblichen Unterrassen, wie die der Juden und Zigeuner, den Keim der Entartung der vorgeschlagenen Weltanschauung bildete.

Vorerst jedoch wirkte im Land die Faszination, Großes zu vollbringen, um eine Überzivilisation zu schaffen, was ein beneidenswertes Privileg war, das auch im Ausland Anhänger wie ein Magnet anzog.

Das Unmögliche schien möglich, und alle, die es wagten auch nur den Kopf zu schütteln, wurden als Verräter gebrandmarkt und ›unschädlich‹ gemacht.

Kurz vor Ausbruch des Krieges beauftragte Heinrich Himmler Karl Maria Willigut, einen ehemaligen österreichischen Offizier, unter dem Pseudonym Weisthor, in der Wewelsburg auserlesenen SS-Offizieren seine Weltanschauung zu offenbaren. Willigut-Weisthor, dessen Spitzname *Rasputin* charakteristisch ist, behauptete, sich gut zu entsinnen, vor etlichen tausend Jahren ein eingeweihter Priesterkönig gewesen zu sein.

Er sah es als seine Aufgabe an, ein Einweihungszentrum in der Wewelsburg zu organisieren. Es galt nicht nur, den Mut bis aufs äußerste anzuspornen, sondern auch alle Fähigkeiten des Gehirns zu erwecken, um die geheimen Kräfte des Vril zu bändigen. Man würde heute von Psi-Phänomenen sprechen. Außerdem galt es, alle ethischen oder moralischen Bedenken zu ersticken. Nur um diesen Preis konnte der Übergang zum Überbewußtsein stattfinden.

Jedwede Übung, also jedwedes Ritual, das im mentalen Universum neuartige Gedankenverbindungen hervorruft, kann viel Unheil stiften. Ethischmoralische Gesetze, obwohl vom Menschen erdacht, spiegeln eine kosmische Wirklichkeit wider. Sie zu mißachten, zieht katastrophale Folgen nach sich. Die Ideologie des Nationalsozialismus ist ein eklatantes Beispiel dieser Tatsache. Seien wir uns jedoch bewußt, daß die sehr verschiedenen Rituale, die seit jeher bei Zusammenkünften geheimer Orden oder Bruderschaften ausgeübt wurden, letztendlich zu bis dahin verborgenen Fähigkeiten führen sollen.

Demnach wurde auf sehr unterschiedliche Weise im Laufe der Rituale Tod und Wiedergeburt mehr oder weniger realistisch gemimt. Diesseits und Jenseits sollten verbunden erscheinen.

Seien wir davon überzeugt, daß auf der Wewelsburg der Realismus groß war, sei es nur, um die Entschlossenheit festzustellen, dem Tod kaltblütig ins Auge zu sehen. Die Todesverachtung ist bei einem Krieger eine große Tugend, kann jedoch ebenfalls zu der Ansicht verhelfen, daß Töten eine gleichgültige Handlung sei.

Eines soll berücksichtigt werden: Himmlers Schutzstaffeln waren keineswegs eine monolithische Organisation. Verschiedene Komponenten standen einander oftmals wenig kameradschaftlich

49

gegenüber. Eine besondere Rolle spielte die Waffen-SS, eine Elitetruppe mit vorzüglicher Gefechtsausbildung, deren Kriegseinsatz und Grausamkeit legendär wurden. Kühnheit, Mut und weltanschauliche Überzeugung verursachten ein Gefühl der Überlegenheit, das, mit blindem Gehorsam gepaart, schwere Vergehen, vor allem gegenüber Juden und Bolschewisten, aber auch Kriegsgefangenen, nach sich zog.

In der absurd-abwegigen Überzeugung, Menschlichkeit verhindere den zu vollziehenden Quantensprung zum Überbewußtsein, liegt vielleicht die Erklärung unsinniger Taten.

Ein Quantensprung entspricht dem plötzlichen Übergang von einer Entwicklungsstufe zu einer anderen. Ihn anzustreben, mag legitim erscheinen, ist aber nur im Rahmen der Gesetze des Lebens möglich, denen alle Menschen unterstehen.

Jedenfalls waren die rassisch reinen Schutzstaffeln bereit, in bedingungsloser Treue alle in Schwung gebrachten Energien dem Willen des ›Führers‹ gefügig zu machen.

Der skeptisch-rational denkende Mensch an der Schwelle des 21. Jahrhunderts mag mitleidig lächeln und sich überlegen fühlen. Er hat unrecht; wenn auch die Informatik scheinbar eine gewisse Mystik verdrängt, ist die Flut von bildlich übermittelten Begebenheiten eine Vergewaltigung der Wahrnehmungsfähigkeiten des Menschen. Simulierte Begebenheiten, die glauben machen, sie seien authentisch, verfälschen seine Denkfähigkeit. Die Autobahnen der Informatik können Machthaber verleiten, den Zuschauer über das Fernsehen psychosomatisch zu manipulieren, um vorhersehbare Reaktionen zu bewirken. Man glaubt, was man sieht, und so wird man, ohne es zu ahnen, blinder Mitspieler am Spieltisch der Machtpolitik.

Vermutlich war Willigut-Weisthor von der Meinung des Theosophen Edward Bulwer Lytton stark beeinflußt. Dieser in England bekannte Mystiker und Schriftsteller behauptete, eine geheime Theokratie wäre imstande, die Kräfte des Vril weltweit zu nutzen. Seiner Ansicht nach hatte es schon einmal eine Menschenrasse, die Vril-Ja, gegeben, die über unglaubliche Fähigkeiten verfügten.

Ohne Zweifel hat die Verbreitung der metaphysischen Weltanschauung, die das Wiederaufblühen einer ehemaligen arisch-germanischen Zivilisation hervorrufen würde, in den Zeremonien der Wewelsburg eine wesentliche Rolle gespielt.

Sowohl die Thule-Gesellschaft wie auch der Germanen-Orden und der Orden des Neuen Tempels trugen viel dazu bei, der nationalsozialistischen Bewegung ein Rückgrat zu geben. Bevor diese Gemeinschaften verboten und aufgelöst wurden, trafen sich bei verschiedenen Zusammenkünften Karl Maria Willigut und Persönlichkeiten, die wie Karl Haushofer und Rudolph von Sebottendorf im Hintergrund wirkten.

Karl Haushofer, ein Geopolitiker, wurde während des Ersten Weltkriegs zum General ernannt. Sodann, nach einem Aufenthalt in Japan, lehrte er an der Münchner Universität. Man kann vermuten, daß der Einfluß, den er ausübte, den Ablauf der Ereignisse bedeutsam bedingte. Die vorgeschlagene Weltanschauung entsprach seiner Vision, die, als er im Jahre 1938 durch Hitlers Überheblichkeit in Ungnade fiel, als abwegig ausgelegt wurde. Er nahm sich 1947 das Leben.

Vermutungen bringen keinen Beweis, mag sich der Leser sagen. Er hat recht, aber es geht nicht darum, überzeugen zu wollen, sondern darum, anzuleiten, alle Ereignisse des Daseins als Folgeerscheinungen zu erkennen, deren Ursprünge sich auf einer Ebene befinden, die man verkennt.

Jene jedoch, die auf dieser Ebene wirken, befreien Kräfte, die sich, von einem Willen geleitet, gleich einem Schneeball vergrößern, um vorhergesehene oder unvorhergesehene Folgen zu zeitigen. Dies war um so mehr der Fall, als sich orientalische Mystik, nordische Wotan-Kulte wie auch historische Ereignisse in Erzählungen vielgelesener Zeitungen verbanden.

Schriftsteller, Pamphletisten und berühmte Forscher, wie Sven Hedin, machten keinen Hehl aus ihrer Bewunderung für die Weltanschauung des Führers.

Die abenteuerliche Gründung der mongolischen Republik durch den baltischen Baron von Ungern-Sternberg erregte großes Interesse. In den Jahren 1917–18 bekämpfte er mit den Weißrussen und Mongolen die Rote Armee.

In Ourga, seiner eroberten Hauptstadt, behauptete er, mit dem König der Welt in seinem unterirdischen Palast in Verbindung zu stehen und von ihm geleitet zu sein. Das Hakenkreuz prangte am Kragenspiegel der Uniform seiner Soldaten. Ein Ring mit diesem Symbol war ihm vom König der Welt verliehen worden. Und so stachelte diese, wie manch andere mystische Handlung die Einbildungskraft der Leser an. Ungern-Sternberg wurde am Ende seines Abenteuers im Laufe einer Schlacht erschossen.

Im kaleidoskopischen Wechsel reihen sich die Ereignisse der letzten Vorkriegsjahre aneinander. Wenn man sie aus hoher Warte betrachtet, ist man versucht zu glauben, daß Hitler, auf der höchsten Stufe seiner Macht angelangt, also als Reichskanzler, nach dem Sieg der Wehrmacht im Westen den Entschluß faßte, nur noch seiner eigenen Intuition zu folgen.

Seiner mystischen Berufung Glauben schenkend, war er sich nicht bewußt, daß die Potenz der von ihm übernommenen Weltanschauung geistiger Natur sei. Zweifelsohne wußte es Karl Haushofer. Vielleicht von einem japanischen Meister eingeweiht, wußte er auch, wie sie zu nutzen sei. Es ist gewiß seinem Einfluß zu verdanken, daß durch die planmäßige Gleichschaltung aller physischen und mentalen Energien im Lande erstaunliche Erfolge erzielt wurden. Sie steigerten das Überheblichkeitsgefühl des ›Führers‹ ins Riesenhafte.

Sich für unfehlbar haltend, entschied er, daß alle im Lande gleichgeschalteten Energien nur noch ein Ziel haben sollten: *Barbarossa*, den Rußlandfeldzug. ›Lebensraum‹ ersetzte ›Kraft durch Freude‹ als Parole.

Der Anfang vom Ende war nahe. Der Taumel der Begeisterung ging vorüber; der Dienst am Vaterland blieb felsenfest verankert, wie auch die Hoffnung, Außergewöhnliches zu vollbringen.

Es wäre gewiß nicht ausgeschlossen gewesen, ein neues Europa zu gestalten, wenn sich Verblendung in Klarsicht gewandelt hätte. Die Dynamik der Magie der Umkehrung hätte das Wunder vollziehen können. Verbundenheit in der Verschiedenheit ist der Ausdruck wahrer Vernunft. Trennung und Totschlag sind der Ausdruck der Verblendung.

Eines steht fest: Der 21. Juni 1941, der Tag des Einfalls der deutschen Truppen in Rußland, ist ein Datum, das weltweite Bedeutung hat. Die linken Intellektuellen der ganzen Welt waren von dem deutsch-russischen Freundschaftspakt wie vor den Kopf geschlagen. Der Rußlandfeldzug löste den Bann, und der allerorts bedeutsame Einfluß der Kommunisten nach dem Krieg ist diesem Umstand zuzuschreiben. Vorerst freute die antibolschewistische Aktion viele Menschen in besetzten Gebieten. Sogar in der Ukraine wurde die Wehrmacht hier und da als Befreier mit Salz und Brot empfangen.

Im Rücken der Wehrmacht handelten allerdings die SS-Standarten gemäß ihrer eigenen Norm und schürten so allerorts den Haß. In Paris wurde die Nachricht des Rußlandfeldzuges aus sehr unterschiedlichen Gründen mit sehr großer Erregung aufgenommen. Ich entsinne mich an ein Mittagessen mit einem sehr bekannten Großindustriellen. Er hatte Freunde und mich in eines der Spezial-Restaurants eingeladen, das den Lebensmittelbeschränkungen nicht unterlag.

»Ich bin erleichtert«, so meinte er. »Sollten jemals die Alliierten versuchen, die Festung Europa anzugreifen, würde ich sofort als Freiwilliger der Wehrmacht beitreten. Die Gefahr, die Bolschwisten in Paris zu sehen, wäre zu groß.«

Diese Meinung teilten selbstverständlich nicht alle Anwesenden, aber beeindruckt waren viele. Soll ich hinzufügen, daß dieser Industrielle mich drei Jahre später äußerst besorgt bat, seine damaligen Worte zu vergessen? Ich beruhigte ihn, indem ich erklärte, ich hätte ein sehr schlechtes Gedächtnis.

Es ist der 21. Juni 1941, der zu der von Stalin gewollten Teilung Europas führte, zum kalten Krieg, zum Gleichgewicht des Atombombenterrors. Der Eiserne Vorhang ist inzwischen geborsten, aber es liegt an uns, alles zu bewirken, daß in Zukunft nicht der Bombenterror, sondern die Tugend des Geistes den Frieden gewährleistet.

5

Wirklichkeit und Illusion

Geistige Tugend, seien wir uns dessen bewußt, ist die Fähigkeit, entsprechend den jeweiligen Umständen *jetzt* die notwendige Entscheidung zu treffen. Sie bedingt das Einverständnis der Vernunft und die Zustimmung des stillen Wächters, also des guten Gewissens.

Geistige Tugend beruht auf keiner Illusion. Allzuoft scheint Illusion willkommen, weil ein tiefes Sehnen des Menschen ihn veranlaßt, Zuflucht in ihr zu suchen. Er ersehnt das Wunderbare und weiß, daß das Weltgeschehen einem Eisberg gleicht. Man sieht nur den Teil, der sich oberhalb des Wasserspiegels befindet, also nur einen winzigen Teil seiner Masse. Somit versucht man zu erkennen, was sich unterhalb des Spiegels, im Verborgenen, abspielt und läßt seiner Einbildungskraft freien Lauf.

Nun ist es ein Faktum, daß sowohl Ungeheuerliches wie auch Erhabenes fasziniert, was zur Folge hat, daß die Einbildungskraft angebliche Ereignisse in tatsächliche verwandelt. Manches mag stimmen, aber aufgebauscht bewirkt Wahres das Falsche und Falsches das Wahre, aber verzerrt.

Nach dem Zweiten Weltkrieg verbreiteten sich die unwahrscheinlichsten Behauptungen, und da die Sensationslust der Leser groß war, beutete eine umfangreiche Literatur sie aus. Berichte über geheime ›schwarze‹ Einweihungszeremonien, von ehemaligen SS-Offizieren veranstaltet, kamen aus Südamerika.

Eine mächtige Organisation, die über den Schatz der ehemaligen Partei verfügte, schien berufen zu sein, die Weltanschauung der Nazis zu verewigen. Die Jagd nach Kriegsverbrechern, die unter falscher Flagge da oder dort gesichtet wurden, bestätigt diese Ansichten.

Und so ist es auch heute nicht erstaunlich, daß Burschen mit rasierten Schädeln und Naziabzeichen hin und wieder durch die Straßen der Städte marschieren. Sie sind sich nicht bewußt, eine Parodie einer längst versunkenen Illusion zu inszenieren.

Falsch verstandene Ideologien ziehen immer schwerwiegende Folgen nach sich. Fragliche Gruppen junger Menschen finden Rechtfertigungen für ihre Instinkte im Nachahmen gewisser Praktiken, deren Sinn sie mißverstehen.

Wenn extreme Ideologien Befürchtungen erwekken, weil sie neuerdings, am Ende des 20. Jahrhunderts, Haß als politischen Hebel erzeugen, ist dies nicht nur einer Illusion zuzuschreiben. Der Niedergang einer Zivilisation nimmt viele Formen an. Eines jedoch ist gewiß: Die heute in der Welt waltenden Umstände sind anderer Natur als jene, die vor mehr als einem halben Jahrhundert Europa erschütterten. Allerdings kann festgestellt werden, daß allzu bekannte Schlagworte von neuem ihre aufwiegelnde Rolle erfüllen, weil sie den bei vielen Menschen verwurzelten Empfindungen entsprechen.

Sehr verschieden jedoch sind gewisse Praktiken. In den USA ahmen die Teufelsanbeter angebliche initiatische Riten nach. Sie haben ihre dem Satan geweihten Tempel, in denen sie Nazi-Lieder singen, Nazi-Grüße austauschen und Nazi-Abzeichen tragen. Manch blutiges Verbrechen, bei sexuellen Orgien begangen, ist ihr Werk. Sie sind sich nicht bewußt, der Spielball dämonischer Kräfte zu sein.

Die Illusion ist mächtig, weil sie befriedigt. Spirituelle Lehrer im Orient behaupteten, es sei dank ihres Eingreifens gelungen, den bösen Geist, der Hitler umfing, zur Flucht zu zwingen, was die dramatischen Ereignisse im Berliner Bunker am Ende des Krieges bezeugen sollen. Warum sie so lange warteten, bevor sie eingriffen, erklärten sie nicht.

All diese Begebenheiten sollen nur die Anziehungskraft der Illusion veranschaulichen und zu keiner Beurteilung führen. Allerdings kann man sich bewußt werden, daß die Trennungslinie zwischen dem beobachtbaren Universum und dem verborgenen sich mehr und mehr verwischt. Die sichtbare Handlung wird durch den unsichtbaren Gedanken veranlaßt, der subtilen Einflüssen gehorcht, die meist unerkannt bleiben.

Prophezeiungen und Visionen gehören zu diesen Einflüssen, die entweder einer Illusion entspringen oder einer Eingebung, deren Ursprung nicht feststellbar ist. Reliquien wirken auf das Unterbewußtsein, weil sie Vorstellungen erwecken, die das einstige Geschehen mit den verborgenen Wünschen oder Gedanken verbindet.

Das viel gelesene Buch ›Der Speer des Schicksals‹ erwähnt eine Vision Hitlers, die, wenn sie stattfand, die Geschichte dieses Jahrhunderts bedeutsam beeinflußte. Sollte sie stattgefunden haben, entsprach sie eher einem Wunschtraum als einer Eingebung.

Im Schatz der Habsburger befand sich eine im Schloß in Wien zur Schau gestellte Lanze, die dem römischen Krieger Longinus gehört haben soll. Mit ihr durchstach dieser aus Barmherzigkeit die Flanke des Heilands. Er wollte seine Leiden verkürzen.

Die Reliquie gehörte später Barbarossa, und Hitler soll bei einem seiner Besuche in der Schatzkammer des Schlosses die Vision gehabt haben, erwählt zu sein, die Lanze zu besitzen, um das heilige germanisch-römische Reich wiederherzustellen.

Eines ist gewiß: Nach dem Anschluß Österreichs ließ Hitler die Lanze nach Nürnberg bringen, um sie in einem goldenen Schrein in der Kathedrale aufzubewahren. Als die Fliegerangriffe begannen, wurde sie in einer Grotte verscharrt. Wenige Menschen kannten den Ort. Einer verriet ihn an General Eisenhower, und so befindet sich die Lanze heute wieder in der Schatzkammer des Schlosses in Wien. Es sei bemerkt, daß der Rußlandfeldzug den Namen Barbarossa trug, was sicherlich keinem Zufall zuzuschreiben ist.

Diese Ereignisse, wenn sie, wie ich denke, den Tatsachen entsprechen, sollen das Geheimwirken der Dynamik des Lebens in seiner unendlichen Vielfältigkeit bezeugen. Wohltuend offenbart sie das Gesetz der Harmonie. Wenn es vergewaltigt wird, vergewaltigt der Mensch seine eigene Natur. Er will nicht, was gewollt wird, tappt blind umher auf den Wegen des Daseins, ungewahr jedweder Fügung, der er entsagt, weil er die Wirklichkeit einer überweltlichen Ordnung leugnet und ihre Gesetzmäßigkeit nicht erkennt.

Auch muß man feststellen, daß jeder Krieg den in manchen Menschen schlummernden Sadismus plötzlich weckt, was zu den schlimmsten Auswüchsen führt. Dies festzustellen und leidenschaftslos zu urteilen und zu handeln, ist Ausdruck wahrer Vernunft. Sie beruht auf Klarsicht und Freiheit.

Ernst Jünger, Offizier der Wehrmacht im besetzten Paris, schrieb eines Tages in sein Tagebuch: »Es ist leichter, ein Besiegter zu sein als ein Sieger.« Er war auf der Straße drei jungen Frauen begegnet, die den gelben Stern trugen, der sie als Jüdinnen kennzeichnete. Die zu erwartenden Folgen dieser Kennzeichnung erschütterten ihn.

Seine Erschütterung half den drei Frauen nicht. Und es ist heute keineswegs leicht zu urteilen, ob eine aktivere Handlungsweise möglich gewesen wäre. Die damals herrschenden Umstände waren so zwingend, daß fast jede Initiative zum Scheitern verurteilt war. Eine jedoch gelang.

Generaloberst von Choditz weigerte sich, den Befehl Hitlers auszuführen und Paris in die Luft sprengen zu lassen. Es gehörte großer Mut dazu, dem Führer zu trotzen, aber Choditz zögerte nicht, klarsichtig zu entscheiden.

Folgendes ist gewiß: Die Umstände, die einen Krieg heraufbeschwören, sind in ihren Zusammenhängen weitläufig, komplex und ineinanderwirkend, was weder Sieger noch Besiegte vergessen sollten. Diese Tatsache hat zur Folge, daß auf lange Sicht kein Krieg gewonnen wird. Er löst die jeweilige Problematik nicht, weil im Siegestaumel der Sieger vergißt, daß eine der Natur innewohnende Logik dem Besiegten *hilfreich* beisteht, weil gegenseitiges Verständnis die gestörte Harmonie der Welt neu gestalten muß.

Der Naturwissenschaftler hat diese Erkenntnis, und so kann dieses Kapitel mit den Worten Einsteins enden: »Wissenschaft ohne Religion ist blind, Religion ohne Wissenschaft lahm.« Als ›Zeuge des Jahrhunderts‹ kann ich nur zustimmen, da alles mit allem verbunden ist.

Religion sollte, richtig gedeutet, jenseits aller Dogmen die Menschen verbinden, denn seine lateinische Wurzel *religere* ist dieser Auffassung nahe.

Da unsere Aufmerksamkeit unerwarteten Zusammenhängen zugewandt ist, könnten die im nächsten Kapitel beschriebenen Ereignisse aufschlußreich sein.

6

Die verborgene Kraft der lauteren Gebärde

Ich bin mir bewußt, daß das Wort ›lauter‹ als Bezeichnung einer geläuterten Handlung wenig benutzt wird, aber es ist in diesem Falle das richtige.

Fast fünf Jahre den guten Samariter zu spielen im Kriegshexenkessel Europas und somit gezwungen zu sein, die Vorschriften und Gesetze der Besatzungsmacht wie auch deren Helfer zu umgehen, wirkt ähnlich einer psychologischen Droge.

Schwer, sehr schwer ist es, nach Friedensschluß wieder ein gehorsamer Bürger zu werden. Um diesen Übergang zu erleichtern, aber auch um die große Enttäuschung zu mildern, die die wenig anziehenden Umstände eines chaotischen Wiederaufbaus hervorriefen, entschieden Garcia, mein Schwiegervater, meine Frau und ich, die finanzielle Unterstützung eines deutschen Industriellen anzunehmen, um, so meinte er, mitzuhelfen, den Dritten Weltkrieg zu vermeiden.

Zu Anfang war vorgesehen, möglichst unvoreingenommene, im Lehrberuf tätige, geistig vorbereitete Menschen periodisch zu Zusammenkünften in meinem Vaterhaus am Genfer See einzuladen, um gemeinsam zu erdenken, wie bestens eine erschütterte Jugend aufzurichten und zu beleben sei.

Diese periodischen Treffen fanden viermal jähr-
lich statt, und zwar auf der französischen Seite des
Genfer Sees, in der Schweiz und in Deutschland.
Auch wurden sehr bald recht verschiedene Themen
angesprochen, denn wir alle waren uns einig, ewige
Werte, ohne welche die geistige Entwicklung der
Menschheit unmöglich ist, von neuem als Funda-
ment zum Wohle aller zu betrachten.

Der Unfall eines Anwesenden wurde der Ausgangspunkt eines wesentlichen Austausches über
die geheimnisvolle Kraft einer lauteren Gebärde.

Ein lieber Freund, begleitet von meinem Schwie-
gervater, machte einen kleinen Ausflug in die nahen
Berge. Am Abend dieses Tages erzählte mein
Schwiegervater folgendes.

»Unser Freund Peter ist im Krankenhaus. Er hat
einen Gipsverband, aber er leidet nicht. Alles geschah recht schnell. Wir durchquerten eine Moräne.
Er stolperte über einen Stein und lag stöhnend vor
Schmerzen da. Zweifelsohne war ein Knochen gebrochen, aber weit und breit war kein Mensch zu
sehen. Hilfe holen war notwendig. Ich kniete nieder,
um zu versuchen, seine Schmerzen zu lindern, doch
es gelang mir nicht. Trotz seiner Willenskraft stöhnte
er mehr und mehr. Bewußt vieler unserer Gespräche,
setzte ich mich neben ihn auf die Fersen, lehnte mich
leicht zurück und öffnete meine Handflächen den
Sonnenstrahlen zu, als ob ich sie auffangen wollte.

Innerlich war ich ganz still, wie abwesend, aber
voller tiefer Zuneigung. Ohne es zu entscheiden, als
ob ich die empfangenen Sonnenstrahlen dem Lei-
denden weitergeben wollte, hob ich die Arme in einer vom Herzen geleiteten Gebärde. Die Handflä-

chen dem verwundeten Bein zugewandt, murmelte ich leise: ›O Herr, hilf!‹.«

Mein Schwiegervater sah uns alle einen Augenblick schweigend nacheinander an und fuhr sodann fort.

»Es mag unwahr erscheinen, aber Peter hörte auf, zu stöhnen. Er wurde ruhig, und mit fester Stimme sprach er: ›Geh, hole Hilfe. Ich fühle mich geborgen und wohl.‹ Er wird es euch bald bestätigen, weil er trotz eines schlimmen Knöchelbruchs morgen im Rollstuhl zu uns stoßen will. Auch versprach er mir im Krankenhaus, uns ein persönliches Erlebnis zu erzählen, das so unwahrscheinlich klingt, daß er es bisher verschwiegen hat. Es beweist, meinte er, die heilende Kraft der lauteren Gebärde.

Peter hielt sein Versprechen, und am nächsten Abend erzählte er uns, blaß, aber schmerzlos in seinem Rollstuhl sitzend, folgendes.

»Ich wuchs«, so fing er an, »in einem bäuerlichen Universum im Osten von Pommern auf. Es war eine Welt, in welcher die mystische Wirkungsweise der Natur die Einbildungskraft der Menschen anspornte. Die Bäuerin säte die Saat von allem, was auf Erden wächst, in der Periode des abnehmenden Mondes. Der Bauer schlug den Baum, den er als Balken brauchte, im Februar bei abnehmendem Mond, wenn der Mond sich im Zeichen des Widders befand.

Für viele Krankheiten besuchte man den Hellseher im Dorf oder in der Stadt, denn er wußte, wie das Böse zu beschwören ist. Seine Beschwörungsformeln wie auch seine Gesten halfen all jenen, die Vertrauen zeigten.

Meine erste Begegnung mit der Macht des Wortes und der Geste war bei einem Drechsler. Man murmelte im Dorf, daß er das Geheimnis der Rose kenne. Sein aus Ziegeln gebautes Haus stammte aus dem 13. Jahrhundert und versteckte sich im Schatten des alten Mariendomes in Kolberg.

Ich ging mit meiner Mutter zu ihm und beobachtete, wie er einige Sätze auf ihre erkrankte Hand sprach. Als er geendet hatte, machte er dreimal das Zeichen des Kreuzes. Einige Tage später war die Hand meiner Mutter geheilt, und das Haus des Drechslers war für mich ein Haus des Mysteriums.

Als ich zwölf Jahre alt war, habe ich an mir selbst die Kraft des Wortes und der bedeutsamen Geste erprobt. Auf dem Rücken meiner linken Hand erschien eine ganze Anzahl kleiner Warzen. Meine Mutter, die an alte Bauerntradition und übersinnliche Beziehungen glaubte, riet mir diesmal den Drechsler nicht aufzusuchen, sondern selbst zu versuchen, diesen subtilen Energien, die heilend wirken, zu vertrauen.

Sie gab mir das Rezept: ›Wenn der Mond abnimmt, zu Anfang der Nacht, suche einen weißen Stein oder ein Stück Holz, das gerade vom Baum gefallen ist. Mache am Krankheitsort dreimal das Zeichen des Kreuzes mit dem Stein oder dem Stück Holz und sprich die Worte aus: im Namen des Vaters, des Sohnes und des Heiligen Geistes. Sodann wirf Stein oder Holzstück über den Kopf hinter dich.‹

Ich sehe noch heute den Mond über dem alten Gebäude des Landhauses. Etwas abseits suchte ich einen weißen Stein und dachte: ›Du wirst so han-

65

deln, wie vor dir im Laufe der Jahrtausende andere gehandelt haben. Lasse jedoch den lieben Gott beiseite. Diese kleinen Dinge können ihn nicht interessieren.‹

Ich machte mit dem Stein dreimal das Zeichen des Kreuzes, sprach mit Inbrunst ›Im Namen des Vaters, des Sohnes und des Heiligen Geistes‹ und warf den Stein über meinen Kopf, sozusagen ins Nichts. Drei Tage später waren meine Warzen verschwunden.

Acht oder zehn Jahre darauf befand ich mich vor demselben Problem. Ich hatte Warzen, die auf der Fußsohle wuchsen und sich vervielfältigten. Ich ging zu einem Arzt. Er benutzte Elektrizität, um sie auszubrennen. Das tat weh; Schweiß stand auf meiner Stirn. Aber drei Tag darauf waren die Warzen wieder da, größer denn je, 16 auf der linken, 17 auf der rechten Fußsohle.

Es war Mai. Ich verließ Berlin, fuhr nach Bernau und ging dort schwerfällig und unter Schmerzen im Wald spazieren. Ungewahr der verstrichenen Zeit, mußte ich mich setzen, und mir war bewußt, daß ich nicht mehr zurück konnte. Meine Füße schmerzten allzusehr, und so überlegte ich, was zu tun sei. Die Erinnerung an meine Kindheitserfahrung, so wie ich sie eben erzählt habe, kam hoch. Ich entschloß mich, die Energien anzusprechen, die mir damals geholfen hatten. Diesmal schloß ich Gott nicht aus; sein Einfluß war mir bekannt geworden.

Kein Stein war in Sicht, auch kein vom Baum gefallenes Holz in meiner unmittelbaren Nähe. Ich nahm kühles Moos und machte über jeder meiner Fußsohlen das Zeichen des Kreuzes in tiefster Konzentration, so tief, daß ich sie noch heute fühlen kann.

Und so sprach ich die Worte: ›Im Namen Gottes des Vaters, des Sohnes und des Heiligen Geistes.‹ Schon spürte ich ein Prickeln, das wohltat. Eine Viertelstunde später konnte ich ohne Schmerzen aufstehen, und am nächsten Morgen waren die Warzen verschwunden.

Eine andere Kindheitserinnerung möchte ich hinzufügen. Ich war ungefähr 15 oder 16 Jahre alt, als die kleine Tochter unseres Nachbarn weinte und schrie, weil sie Magenkrämpfe hatte. Meine Mutter wurde gerufen und tat das, was sie sicherlich schon öfter gemacht hatte. Als sie dreimal das Zeichen des Kreuzes über dem Bauch des Kindes geschlagen hatte, verschwanden die Schmerzen, und das Kind hörte zu weinen auf.

So stellt sich mir seit damals die Frage: Woher kommt die Kraft des Wortes und der Geste? Ist sie die Folge einer Einbildung? Ist es der Magnetismus der Hand? Oder aber verschleiern Worte und Gesten ein großes Geheimnis?«

Mit diesen Worten endete der Bericht meines Freundes. Wir sprachen selbstverständlich lange darüber, ohne die Lösung des Mysteriums zu finden.

Der bekannte Schriftsteller Meyrink schrieb in einem seiner Werke: »Das Wort ist viel mehr als eine Möglichkeit der Verständigung. Es strahlt eine konstruktive oder destruktive Energie aus.« – »Je nachdem, von welchem Gedanken es hervorgerufen wird«, war unser Kommentar. Das Geheimnis der Dynamik des Wortes war, wenn nicht zu enthüllen, so doch zu deuten. Dies ist der Sinn unseres Eindringens in das Arkanum der verborgenen Kraftfelder des Universums. Um zu vermeiden, in alle möglichen Richtungen vorzustoßen, scheint es angebracht, die Botschaften der großen abendländischen Tradition zu berücksichtigen. Sie hat ihre Wurzeln in allem, was war, um auf das hinzuweisen, was wird.

Alles Bestehende, vom Chlorophyll zum Plasma, vom Samen zur Frucht, von den Chromosomen zu den Neuronen, vom Vergänglichen zum Ewigen, trägt den Stempel des Vorhergegangenen, da die Evolution das Gesetz des Lebens ist.

Die Tradition kann mit einem Lichtstrahl verglichen werden, der den Anfang mit dem Ende verbindet. Sie ist kein System, sie ist kein Dogma. Sie übermittelt eine wesentliche Weisheit, welche die Quintessenz, also das Subtilste menschlicher Erfahrung von Abertausenden Jahren widerspiegelt. Es handelt sich somit darum, zu verbinden, was getrennt erscheint, um dadurch zu verstehen, daß sich die Lebensdynamik auf verbindende Energien der Natur stützt, um zu wirken.

Cornelius Agrippa, Rosenkreuzer und Philosoph des 15. Jahrhunderts, behauptete: »Wir wissen, daß der wesentliche Rhythmus der Seele eine bedeutende Energie enthält, und indem man die Dinge benennt, befreit man eine dynamische Kraft, die geleitet werden kann.«

Diese Kraft wäre somit die Grundenergie der ›magischen‹ Heilung von Krankheiten. Da es sich um Hypothesen handelt, ist es besser, nichts zu entscheiden, um urteilslos ein anderes ›Wunder‹ zu beschreiben. Es wird in den riesigen Gebieten der Sahara und der arabischen Halbinsel als selbstverständlich angesehen.

Arabische Scheiks, die als Heiler wirken, sind oftmals durch große Entfernungen von dem Kranken getrennt. In solchen Fällen können Gesten oder Worte nicht angewandt werden, und so übermitteln sie über den Boten, der sie um Hilfe bat, einen Vers aus dem Koran mit der Anweisung, der Kranke müsse das Blatt kauen und es dann herunterschlucken.

Man könnte annehmen, daß die Wirkungskraft des Symbols, das die Schriftzeichen verbildlichen, um so sicherer heilend wirkt, als der tiefe Glaube des Kranken seine Dynamik verstärkt. Der westliche Mensch mag skeptisch über die Autosuggestion oder den Aberglauben lächeln, aber diese wie jener stimuliert die Einbildungskraft, welche die Gedankenwelt des Kranken beeinflußt.

Lebensenergien wohltuend zu leiten bedingt Vertrauen, als Ausdruck wahren Glaubens, der Berge versetzt. Vermeiden wir logische Erklärungen, seien wir uns jedoch bewußt, daß das gesprochene Wort vitale Schwingungen weiterleitet, welche unter gewissen Umständen konstruktiv oder destruktiv wirken. Andacht, Hingebung, Liebe oder tiefstes Vertrauen sind die unerläßlichen Hebel einer divinen Justiz.

Mantra ist ein Sanskritwort für eine *heilige Formel*. Im Brahmanismus hat sie einen magisch-zwingenden Wert, da sie die formverleihende Kraft des Gottes offenbart. Sankt Johannes meint das gleiche, indem er das *Wort* als Gott bezeichnete.

Eines ist gewiß: Viel größer ist die Kraft der Worte, wenn sie von Gebärden begleitet werden, besonders wenn diese eine symbolische Bedeutung annehmen. Geheimnisvoll ist die Dynamik des Symbols, die oftmals unbewußte Erkenntnisse in Form einer Vision oder einer Eingebung bewußt macht.

Wenn wahre Stille in uns ihre wohltuende Wirkung ausübt, wirken Symbole wie Lichtbojen in der Nacht des Unbewußten. Die Erkenntnis oder die Eingebung, die plötzlich wahrgenommen wird, ist geistiger Natur und muß nur umschrieben und nicht beschrieben werden. So steht in der Bibel: »Fünfzig Tage nach Ostern überkam der Heilige Geist die Apostel, und sie heilten durch Auflegen der Hände.« Diese Behauptung ist nicht verwunderlich. Der Heilige Geist ist das Symbol der schöpferischen Kraft, der Lebensdynamik. Wenn sie richtig geleitet wird, wirkt sie heilend.

Augenzeugen berichten in unserer Zeit, daß während einer Übung der türkischen Derwische diese sie aufforderten, in einem gegebenen Takt Worte und Silben zu sprechen, deren Sinn sie nicht verstanden. Es roch sodann stärkstens nach Schwefel, und sie schmeckten, ohne den Mund aufzutun, Salz auf der Zunge.

Vielleicht ist dies erklärbar, wenn man annimmt, daß die Schwingung gewisser Silben durch ihre Frequenz Neuronen zum Mitschwingen veranlaßt, und zwar in einer Frequenz, die vom Geruchs- oder Geschmackssinn wahrgenommen wird.

Der weise Wunderheiler weiß, daß die Wunderheilungen, die er ausübt, sich dank seiner Seelen- und Herzensbereitschaft offenbaren, also dank seiner Anheimgabe an den Rhythmus des Lebens, um ein Kanal der kosmischen Lebensenergien zu sein.

An zwei Behauptungen glaubten die Pythagoräer: »Der weise Mensch wirkt heilend« und »Die Gabe zu heilen offenbart Weisheit«.

Um die Magie der Heilkunst zu erfassen, ist es wesentlich, zu verstehen, daß die Gesundheit in der Zusätzlichkeit aller Organe das harmonische Ineinanderwirken aller Kräfte der physischen, psychischen und geistigen Ebene veranschaulicht.

Ein synergetischer Ausgleich der Lebensenergien ist viel mehr als die Abwesenheit von Krankheitssymptomen, die jedoch in ihrer Schwingung Botschaften übermitteln. So erklären sich die meist in einem Zustand der Trance auf Entfernung erstellten Diagnosen.

Edgar Cayce war ohne Zweifel ein solch unterbewußter Diagnostiker. Der Mensch verfügt über Fähigkeiten, die er schlecht kennt, versucht aber sein Sehnen, sie zu meistern, auszudrücken. Er hofft, daß Machtworte, Anrufungen oder Rituale ihm erlauben, die verborgenen Kräfte der Natur seinem Willen zu unterwerfen. Er versucht ebenfalls, sie durch rhythmische Gebärden oder Bewegungen zu bezeugen, um, so hofft er, anzuklingen an den Rhythmus der Weltseele.

7

Im Rhythmus der Weltseele

Allumfassend ist die Welt der Rhythmen, und so meinten unsere Vorväter, daß jener, der das Gesetz der Rhythmen kennt, den Stoff durch Geist regiert.

Da es unsere Absicht ist, unerwartete Zusammenhänge zu ergründen, müssen wir dem Tanz unsere Aufmerksamkeit zuwenden.

Der Tanz, besonders, wenn es sich um einen symbolischen Akt handelt, nimmt bei primitiven Völkern einen ganz anderen Charakter an, als bei fortschrittlich entwickelten.

Der erdnahe Mensch, aber nicht nur er, ist dem dynamischen Element des Universums, der tellurischen, also irdischen Kraft bewußt, die sich in ihm als Energiewirbel kundtut. Dieser Wirbel wirkt, wenn der Riegel nachgibt, der ihn hemmt, auf seine Gefühlswelt, besonders, wenn er, im Zweitakt der Trommeln vergrößert, jedes Hemmnis sprengt. Der Tänzer offenbart sodann, was er empfindet. Er fühlt sich *panisch* glücklich. (Pan ist der griechische Gott der Naturkräfte.)

Um diesen *panischen* Zustand zu erzielen, benutzt der einweihende Medizinmann Trommeln, die im Zweitakt einer sich wiederholenden Kadenz Worte, Beschwörungsformeln und Anrufungen begleiten, um so das Überfließen dynamischer Energien hervorzurufen.

Der Tänzer wird Stützpunkt einer Energieaura, einer Konzentration von Kräften, die verschiedentlich geleitet und gesteuert werden können. Der Tänzer, der in seinem Normalzustand keine besondere Geschmeidigkeit aufweist, kann, vom Rhythmus mitgerissen, die unmöglichsten Verrenkungen vollziehen. Er handelt, als ob er sich in einem Trancezustand befände.

Der Energiefluß schwingt in ihm und überwältigt ihn. Im Anklang schwingen die Zuschauer mit und fühlen sehr schnell dieselben leidenschaftlichen Wallungen, die dem panischen Zustand entsprechen. Sie fühlen sich mitgerissen, mächtig, unverwundbar oder von einem Geist besessen. Diese Pseudotrunkenheit löst jede Angst auf und kann zu allen Exzessen führen.

Der Schwarzmagier weiß dies genau, und so wählt er psychisch schwache Menschen, um sie seinem Willen zu unterwerfen und um sie so zu zwingen, in seinem Sinne zu handeln. Sie werden zu Instrumenten seiner Macht. Dank der Magie der Umkehrung kann das Phänomen eines hervorgerufenen Energiewirbels wohltuend wirken und zum Beispiel Behinderten helfen, ihre Behinderung zu überwinden. Ich habe in Virginia Beach in den USA einer Gruppenheilung beigewohnt. Eine schwarzhäutige, majestätisch aussehende Frau, ganz in Weiß gekleidet, leitete, ohne ihre feierliche, würdevolle Haltung aufzugeben, mit wenigen Gesten ein kleines Orchester, bestehend aus einem Saxophonisten und zwei Trommlern. Als der Tanz zweier junger Schwarzer den Höhepunkt erreichte und das Publikum fasziniert im Rhythmus der Trommeln mit den Füßen stampfte, hob sie den Arm. Stille folgte dieser autoritären Geste, aber die Spannung war physisch spürbar.

Nach einigen Sekunden senkte die Frau den Arm und wandte sich zu den Behinderten, die in ihren Rollstühlen vor der Estrade saßen. »Stehet auf und geht!« gebot sie mit gewaltiger Stimme.

Die zurückgehaltene Spannung explodierte in einer kollektiven Hysterie. Die tobenden Zuschauer taumelten im Takt der Trommeln hin und her, sangen und schrien und sahen zu, wie die meisten Behinderten wirklich aufstanden und, von Helfern gestützt, schwankend zu einem Vorhang torkelten, hinter dem sie verschwanden.

Ich kann nicht sagen, ob diese anscheinende Heilung definitiv war oder nicht. Ich versuchte, es zu erkunden, um so mehr, als mir gesagt wurde, ich sollte am Abend zu einer Besprechung kommen, die im Heim der weißgekleideten Frau stattfinden würde.

Ich folgte der Einladung und wurde in ein Zimmer geführt, in dem die Gastgeberin mit geschlossenen Augen auf einem Ruhebett lag. Zu ihren Füßen hockte ein junger Mann auf einem Schemel. Rundherum auf Polstern saßen wartende Zuschauer.

Der junge Mann flüsterte mir ins Ohr: »Schreiben Sie eine Frage hier auf das Blatt Papier. Liane wird Ihnen die Antwort des längst verstorbenen Weisen übermitteln, der durch sie spricht.«

Auf das mir gereichte Blatt schrieb ich: Welches ist das Geheimnis der heilenden Kraft? Die Antwort kam. Ich hörte sie nicht, denn Liane bewegte kaum die Lippen. Auch öffnete sie die Augen nicht. Der junge Mann zu ihren Füßen flüsterte sie mir in vier Worten zu: »Die Magie der Liebe.«

Ich bin nicht überzeugt, daß diese Antwort der vorhergehenden, anscheinenden Heilung der Behinderten entsprach. Erdgebundene, leidenschaftliche Energiewirbel sind selten mit liebevoller Hingebung verbunden. Von ihnen übermannt, wird man zum Spielball, und jene, die sie hervorrufen, wissen bestens mit dem Spielball umzugehen.

Der sakrale Tanz, der eine wesentliche Tradition widerspiegelt, hat einen ganz anderen Charakter. Der Tänzer ist nicht an irdische Kräfte gebunden. Er öffnet sich bewußt dem Einfluß spiritueller Energien, welche die Bewegungen des Körpers und der Glieder bewirken, die einem überweltlichen Rhythmus entsprechen.

Die Sprache der Symbole, die seine körperlichen Haltungen veranschaulichen, entstehen in der Tiefe seines Bewußtseins. Vorstellungen, die so stark sind, daß sie die Harmonie des Alls offenbaren, wirken auf Distanz.

Der Zustand des Tänzers ist nicht *panisch,* sondern *mystisch.* Dementsprechend ist der sakrale Tanz immer symbolisch, aber selbstverständlich kann er authentisch sein oder gemimt. Wenn er authentisch ist, verbildlicht der Tänzer seine Kontemplation in Zeit und Raum, weil die Haltungen seines Körpers diese kosmische Ordnung widerspiegeln. Sie transzendieren ihn, und seine Bewegungen veranschaulichen auf der weltlichen Ebene die Beziehungen, die das Gute, Wahre und Schöne verbinden.

Der Zustand des Tänzers ist, wie gesagt, mystisch. Wenn dieser Zustand andauert, wird sein Tanz stets subtiler, weil sein Bewußtsein die feinsten Schwingungen seines Gehirns umsetzt. Ob authentischer Ausdruck des Rhythmus der Weltseele oder gemimt, gehorcht der sakrale Tanz den okkulten Schwingungen, die das Jenseits mit dem Diesseits verbinden.

Der meditierende Tänzer drückt sie in einer reinen, würdigen Geste aus, während der Mime sie nachahmt. In dieser Sicht befreit der Tanz den Meditierenden von all seinen Bedingtheiten. Er erlangt für einen Augenblick die Fülle seiner spirituellen Reife. Der Tanz Davids vor der Bundeslade muß wahrscheinlich so ausgelegt werden.

Die quasi magische Anziehungskraft des heiligen und sakralen Tanzes baut eine Brücke zwischen Himmel und Erde. Wenn man sie sich als Regenbogen vorstellt, dessen schillernde Farben vom Vergänglichen zum Ewigen führen, versinnbildlicht sie das Dasein, das, aufgehoben, im Leben mündet.

Der Tanz überträgt auf seine Weise die geheimnisvollen Werte der Religionen, weshalb man behauptete, er sei göttlichen Ursprungs. Als Sprache des Unbewußten, die im tiefsten Grunde des Wesens verstanden wird, offenbart sich die Melodie des Lebens. Kriegerisch, kraftvoll, erotisch, mystisch versucht der Tanz auszudrücken, daß Energien auf allen Ebenen des Universums wirken. Er übermittelt eine Botschaft, die erhebt, weil sie die metaphysischen Zusammenhänge alles Bestehenden veranschaulicht.

8

Machenschaft und Zauberkraft auf dem Schwarzen Kontinent

Wie immer soll Erlebtes als Grundlage wesentlicher Erkenntnisse geschildert werden, und so mag man feststellen, daß der Gedanke einer überweltlichen Ordnung und ihrer Harmonie sich auf weltlicher Ebene bewahrheitet und, wenn man sie erkennt, manchen Fehltritt verhindert.

Die heutige Wissenschaft stellt fest, daß es keinen Stoff gibt, nur eine Energie, die die Partikel zwingt, sich zu kleinen Sonnensystemen zu vereinen. Wer schuf diesen Zwang? Wer erdachte die Gesetze, die von der Atomwelt zur Bildung alles Bestehenden verhelfen? Gott oder der Zufall, so heißt es.

Um jede Polemik zu vermeiden, ist es sicherlich weise, die der Natur innewohnende Logik zu erkennen, um so die Transzendenz in der Immanenz festzustellen, mit anderen Worten: das Wesentliche in jeder Form.

»Liebet einander«, sagte Jesus, hoffend, man würde verstehen, daß Liebe diese Erkenntnis bedingt und daß somit eine allumfassende Verbundenheit den bewußten Menschen veranlaßt, sich den Gesetzen des Lebens zu beugen, gleichgültig, ob sie von Gott erdacht oder dem Zufall zuzuschreiben sind. Diese Überzeugung hat mir stets geholfen, in schwierigen Situationen spontan die richtige Entscheidung zu treffen. Eine dieser Situationen möchte ich beschreiben, da sie eng mit unserem Thema verbunden ist.

Es war gegen sechs Uhr nachmittags. Wir saßen zu dritt in einem Garten an einem Tisch, auf welchem eisgekühlte Getränke standen. Der Tag in Dakar, einer anziehenden Stadt in Westafrika, war anstrengend gewesen, teils weil die Hitze drückend war, teils weil Paul, der Freund, in dessen Haus ich wohnte, mir Sehenswertes in und um Dakar gezeigt hatte.

Der Garten war klein, aber schattig, und der Duft exotischer Pflanzen wirkte einschläfernd. Die Frau meines Gastgebers, Tania, war Russin. Sie war als ganz kleines Kind nach Paris gekommen. Ihr Vater, ein Diplomat, ließ sie dort in der Obhut eines entfernten Verwandten, kehrte nach Moskau zurück, heiratete von neuem und vergaß seine Tochter. Ihre Mutter war bei der Geburt gestorben.

Meist auf sich selbst angewiesen, wuchs Tania auf, rebellierte gegen die Welt und segelte, kaum erwachsen, zwei Jahre lang mit einem Freund in der Welt herum.

Von allen paranormalen Phänomenen stärkstens angezogen und bemüht, sie zu meistern, studierte sie nach ihrer Rückkehr nach Paris an der Sorbonne orientalische Sprachen.

Während eines langen Aufenthaltes in einem Ashram in Indien, der diesem Studium folgte, wurde sie in das tantrische Yoga eingeweiht, so wie die Tibeter es ausüben. Die sexuelle Magie, die dieser Einweihung entspricht, war demnach kein Geheimnis für sie.

»Eine wahre sexuelle Einung«, erklärte Tania eines Tages, »ist nicht nur ein tiefes psychisches Erlebnis, sondern auch die Offenbarung einer schöpferischen Kraft, die im Tantrismus befreit und umgewandelt werden soll, um sodann auf Distanz zu wirken. Derjenige, der sie leitet, muß jedoch dank einer bestimmten Askese des tantrischen Yoga im Moment des Orgasmus durch Zurückhalten der Lust physische Energie in spirituelle umsetzen.«

Tania hatte, so behauptete sie, diese Askese begonnen, aber festgestellt, daß sie sich nicht für den westlichen Menschen eignete. Dreißig Jahre alt, lernte sie Paul kennen. Er war Offizier gewesen, hatte aber nach dem Krieg eine Karriere im Außenministerium der Militärkarriere vorgezogen. Fasziniert von Tanias Schönheit und ihrer außergewöhnlichen Persönlichkeit, verließ er seine Frau und seine fünf Kinder, ließ sich scheiden und lebte nur noch für die Frau, die er wie eine Göttin verehrte.

Wir saßen also zu dritt im Garten, und ich konnte nicht umhin, Tania zu bewundern. Ganz abgesehen von ihrer Erscheinung war sie äußerst anziehend im Gespräch. Sie hatte vieles gesehen und Außergewöhnliches erlebt. Auch wußte sie, im richtigen Augenblick wie bestens das Wesentliche zu erwähnen.

»Frédéric«, wandte sie sich an mich, »du weißt, daß ich dich sehr schätze, und so möchte ich deinen Aufenthalt hier bei uns nutzen, um dich zu überzeugen, meinen Ratschlägen zu folgen.

Du und Paul sollt Großes leisten. Ich sehe voraus, was andere nicht sehen. Die heutige Welt befindet sich an einem Scheideweg. So, wie die Dinge heute laufen, geht sie einer Katastrophe entgegen. Wir haben bei unserem letzten Treffen über Magie gesprochen und besonders die Macht und die Kraft der Umkehrung erwähnt. Die Macht und die Kraft, die heute den Verfall hervorrufen könnten, sollen der Entwicklung der Welt und des Menschen dienen. Paul und du, ihr sollt diese Wandlung vorbereiten, veranlassen und meistern. Vertraue meiner Vision.« Erwartungsvoll schaute sie mich an.

»Tania, liebe Tania«, antwortete ich nachdenklich. »Mehr als einmal hast du mir ähnliches angedeutet, aber niemals bestätigt, um was es sich eigentlich handelt. Eurer Einladung folgend, dachte ich, du würdest es mir dieses Mal enthüllen.«

Paul nickte zustimmend. »Dies ist Tanias Wunsch. Nicht wahr, Darling?«

Tania, den Kopf auf die hohe Stuhllehne gelegt, blickte mit ihren hellblauen Augen in die Ferne. Erst nach einer langen Weile antwortete sie.

»Gewiß, dies ist meine Absicht, aber bevor ich Frédérics Antwort erwarte, möchte ich ihn in eine verborgene Dimension unseres Universums einführen. Vergangene Erfahrungen haben mich oftmals mit ihr in Berührung gebracht, und so ist es an der Zeit, einen letzten Schleier zu lüften.«

Tania sah mich nicht an, aber ihre Worte waren eindringlich. »Wisse«, fuhr sie fort, »daß ich selbst hier im schwarzen Afrika, der Heimat geheimnisvoller Kräfte, sehr geachtet bin, weil mein Ruf, sie meistern zu können, bei jenen, die es ebenfalls vermögen, groß ist.

Ich will dir als Bestätigung eine Begebenheit beschreiben, die meine Behauptung beweist. Vorerst jedoch schulde ich dir eine kurze Erklärung, was ich unter geheimnisvollen Kräften verstehe.

Bekannte und unbekannte Energien schwingen im Universum. Unbekannt ist übrigens ein falscher Ausdruck, weil eine Anzahl Menschen sie kennen und leiten. Allerdings ist eine Vorbereitung notwendig, weil die verborgene Dimension, von der ich spreche, Wahrnehmungsfähigkeiten bedingt, ohne welche kein Ritual die gewünschten Folgen zeitigt, da eine besondere Kenntnis des Wirkens der Lebensdynamik in den Tiefen der Natur notwendig ist.«

»An welche Vorbereitungen denkst du?« wollte ich wissen.

Tania zögerte. »Darüber können wir später sprechen, aber eine sehr weitgehende Unabhängigkeit ist unerläßlich. Der Vorrang, den man seiner Familie einräumt, beeinträchtigt auf anderen Ebenen wesentliche Entscheidungen. Ich bin überzeugt, deine Frau wird es verstehen.«

Ich schüttelte den Kopf. »Verstehen, vielleicht aus Liebe, aber unsere Ehe aufs Spiel setzen wird weder sie noch ich.«

Tania hob beruhigend die Hand. »Vergiß vorerst dieses Problem. Der Augenblick der Entscheidung kann erst kommen, nachdem ich dir meinen Vorschlag unterbreitet habe. Paul und du sollt die Sprossen einer Leiter erklimmen, um so auf höchster Stufe in die Geschehnisse unserer Welt einzugreifen. Groß ist meine Autorität, das weißt du, und sie hat sich in den Jahren unserer Bekanntschaft vergrößert«, fuhr Tania fort. »Groß und gerechtfertigt, ich sage es dir ohne jeden Stolz, und ich will es dank einer Begebenheit, die sich hier ereignet hat, beweisen.

Vor sechs Wochen kam der junge Pfarrer einer katholischen Kirche eines kleinen Vorortes zu mir und zeigte mir seinen Unterarm. Er war zwischen Ellenbogen und der Hand wie vertrocknet, die Haut war graugelb und brüchig.

›In meiner Gemeinde‹, berichtete er, ›pfuscht mir ein Schamane ins Werk, ein Zauberdoktor, der bei meinen schwarzen Gemeindemitgliedern, nicht allzu überzeugten Katholiken, Unheil stiftet.

Letztens gebot er ihnen, einer sogenannten Einweihungszeremonie beizuwohnen, eine heidnische Angelegenheit. Ich traf ihn und erklärte ihm, daß auch ich kommen würde, da es meine Pflicht sei, über meine Pfarrkinder zu wachen.

Er verbot es mir mit Nachdruck, aber in der vorgesehenen Nacht ging ich den Pfad entlang, der zum Schauplatz der Zeremonie führt. Ich stolperte; ich fühlte einen brennenden Schmerz im Arm und kehrte nach Hause zurück, um meinen Arm zu versorgen. Er war nicht gebrochen, schmerzte jedoch, was ich in Ruhe hinnahm.

In den folgenden Tagen schien mein Unterarm zu vertrocknen. Da ich sowieso nach Paris reisen mußte, konsultierte ich in der Hauptstadt Ärzte, zuerst im Krankenhaus, sodann privat. Analysen wurden vollzogen, Köpfe geschüttelt, Schultern gezuckt, aber ohne jedes Resultat. Kein Medikament half.

Seit gestern wieder in Dakar, komme ich zu Ihnen, denn ich muß es zähneknirschend zugeben, nur Sie, die scheinbar, so sagte man mir, paranormale Fähigkeiten besitzen, können mir helfen.‹«

Tania tat einen tiefen Atemzug und lächelte. »Stell dir den Pfarrer vor, Frédéric. Er sah bestimmt in mir den Teufel in Person und kam, um Hilfe zu erbitten.«

Paul lachte. »Der Dummkopf, statt einer Göttin sah er eine Hexe. »

»Was antwortetest du?« fragte ich gespannt.

»Nichts Besonderes. Ich bat den Pfarrer, am nächsten Tag wiederzukommen. Ich kannte den Schamanen recht gut. Wir hatten oft miteinander gesprochen, und so suchte ich ihn auf.

›Ich bin überzeugt‹, erklärte ich ihm vorneweg, ›daß der Pfarrer nicht zufällig gestolpert ist. Ich glaube nicht an den Zufall, wohl aber an Ihre ›Medizin‹. Sollte ich mich nicht irren, bitte ich Sie, ihm zu helfen, sich zu heilen. Als Gegenleistung verspreche ich Ihnen, daß er in diesem Fall nicht mehr versuchen wird, eine Ihrer Zeremonien zu verhindern, auch nicht in Worten.‹

Der Schamane nickte verständnisvoll. ›Wir begreifen einander‹, meinte er, mich ansehend. ›Sie und ich meistern dieselben Kräfte. Sie zu leugnen, wie der brave Pfarrer es tut, heißt mit Blindheit geschlagen zu sein. Sagen Sie ihm, er solle um Mitternacht den Pfad, auf dem er stolperte, nochmals einschlagen, und sagen Sie ihm auch, nicht zu vergessen, mir in Zukunft keine Hindernisse in den Weg zu legen.‹«

»Was geschah?« rief ich voll Neugierde aus.

»Der Pfarrer folgte meinem Rat, nicht ohne Zögern«, erzählte Tania. »Zugeben zu müssen, daß die Magie des Zauberdoktors, so nennt er ihn, die Magie seiner Hierarchie übertraf, war niederschmetternd.

Gegen Mitternacht, auf dem Wege, auf dem er gefallen war, stolperte er, hielt sich an einem Ast fest, prallte aber gegen einen Baum, woraufhin er jede Vorstellung von Zeit verlor. ›Geh heim‹, vermeinte er eine Stimme zu hören. Die Nacht war dunkel; er hatte Angst. Und so lief er zurück in die Kirche und fiel betend auf die Knie.

Als er sich erhob, spürte er Leben in seinem Unterarm, und einige Tage darauf hatte auch die Haut ihr normales Aussehen wiederbekommen.«

Tania schwieg, Grillen zirpten in den Bäumen, und Paul bemerkte: »Der Pfarrer ist überzeugt davon oder behauptet überzeugt zu sein, Jesus Christus habe sein Flehen erhört.«

»Das ist verständlich«, meinte ich. »Aber wie erklärt sich das Mirakel?«

Durch eine heftige Geste schob Tania meine Frage beiseite. »Hier in Afrika kümmert sich niemand um das ›Wie‹ einer Magie. Sie gehört zum täglichen Geschehen. Stolperte der gute Pfarrer über einen Strick oder über eine Liane? Niemand kann es behaupten. Salben gibt es und Pflanzensäfte, die der Schamane kennt und die Ärzte nicht. Rieb man so ein Gift oder ein Gegengift auf seinen Arm? Niemand kann es behaupten. Psychisch beeinflußbar ist der Pfarrer sowieso, und Vermutungen sind immer willkommen, aber niemand kann behaupten, sie seien richtig.

Ein Kraftfeld umgibt uns. Mikrowellen schwingen. Psychosomatische Phänomene werden von der Wissenschaft geprüft. Der Schamane wie auch ich kennen ihren Ursprung und wissen, wie sie zu nutzen sind.

Ich habe dieses Erlebnis nur erwähnt, um dir zu beweisen, daß einerseits die skeptisch rationale Denkweise unzulänglich ist, um allumfassend zu wirken, und daß andererseits für jene, die unabhängig denken, eine weltweite Verbundenheit besteht. Sie ist nicht ohne Bedeutung.« Tania schwieg einen Augenblick, bevor sie eindringlich fortfuhr. »Viele Menschen in der Welt suchen neue Wege zu erschließen, um ein neues Zeitalter zu gestalten. Neues Denken, neue Lösungen, neue Beziehungen sollen von bewußten Leitern der Menschheit unterbreitet werden, um einen Umschwung zu erzielen, der der heutigen Problematik entspricht.

Die Einweihung in die Geheimnisse der okkulten Dimensionen unseres Universums ist unerläßlich, um zu diesen wenigen zu gehören, deren Wirken zum Heil der Welt führt.«

Sie nickte mit dem Kopf, um das Gesagte zu bekräftigen.

»Jawohl, so ist es. Paul und du, sowie auch zwei oder drei treue Freunde, könnten als kleine Gruppe auf verschiedenen Ebenen Einfluß üben und eines Tages die Macht ergreifen, die zur Durchführung einer Entwicklung, die in einem höheren Plan vorgesehen ist, ergriffen werden muß. Allerdings hoffe ich, daß du, Frédéric, deine Bereitschaft beweist, indem du deine Berufung annimmst.«

»Wie denn?« fragte ich, um Zeit zu gewinnen.

»Indem du dich von allen Bindungen, selbst denen deiner Ehe, befreist, um alle Hindernisse des Aufstiegs zu beseitigen, denn jede Bindung schwächt eine Gemeinschaft, die eines Tages die Welt leiten soll.«

»Wenn ich dich richtig verstehe«, entgegnete ich, »soll ich, wie Paul es tat, jede Beziehung zu meiner Familie abbrechen.«

Tania schwieg.

»Dein Schweigen ist eine Bejahung«, stellte ich fest. »Freiheit ist Wesen des Geistes, aber *innere* Freiheit, weil Liebe im wahren Sinne des Wortes keine Bindung ist, sondern ein wesentliches Verständnis und somit eine Offenbarung einer erhabenen Berufung.

Der Zauberdoktor übt Magie aus. Sie dient seiner Macht. Die geschilderte Begebenheit ist mir unerklärlich, hat aber sicher eine Erklärung, denn Wunder können den Gesetzen der Natur nicht entgehen. Allerdings kennen wir nicht alle Gesetze der Natur; und Wunder entsprechen demnach denen, die uns unbekannt sind.

Mein tiefes Anliegen ist, verständnisvoll dazusein in der Welt. Dennoch, liebe Tania, fürchte ich, daß das Loslassen aller Beziehungen zu den Meinen für dich eine Bestätigung darstellt, sich deinen Wünschen bedingungslos zu unterwerfen. Groß ist bei dir die Versuchung der Macht, die dich veranlaßt, ewig gültige Werte so auszulegen, daß sie deinen Wünschen entsprechen. Hoch ist der Preis der Schwarzen Magie. Liebe Tania, vergiß es nicht!«

Tanias Wangen hatten sich gerötet, während Paul aufsprang und unruhig im Garten hin- und herging.

»Du mißverstehst meine Worte«, sagte sie leise. »Solange man sich vorstellt, Verpflichtungen zu haben, denen man nachgeht, ist man ein Zwerg. Frei kann man ein Riese sein, wenn man die Fähigkeiten besitzt, die anderen fehlen. Diese anderen erwarten

Hilfe, und nur der Riese kann sie bringen oder, wenn nötig, aufzwingen, weil sie aus Blindheit verschmäht wird.«

Paul setzte sich wieder und rückte seinen Stuhl ganz nahe an den meinen. Tränen perlten aus seinen Augen.

»Du weist den Vorschlag einer Göttin ab. Du verlierst in deiner Entwicklung, wer weiß, Tausende von Jahren. Höre auf sie, höre auf mich. Wir waren, ich sage es dir zum ersten Mal, Brüder ehemals. Ich spreche als Bruder zu dir. Tue, was Tania dir vorschlägt. Es ist gewollt.«

Ich schüttelte den Kopf. »Nein, Paul, gewollt ist es nicht.« Bewegt drückte ich seine Hand. »Die innere Freiheit ist die Fähigkeit, in jedem Augenblick wahrzunehmen, welche Entscheidung wesentlich ist. Jede Bindung im Sinne von Theorien, Gewohnheiten, falschen Vorstellungen wie auch falschen Beziehungen ist zu vermeiden. Diese Tatsache mag dazu verleiten zu glauben, man erziele geistige Reife und paranormale Fähigkeiten durch eine Vergewaltigung authentischer Werte.

Barmherzigkeit, Brüderlichkeit, Liebe sind unter anderem authentische Werte. Sekten, Gemeinschaften und Pseudo-Gurus behaupten, sie zu ersetzen, und versprechen manches, wenn man ihnen folgt. Tania ist kein Pseudo-Guru, aber ihre außergewöhnlichen Fähigkeiten verleiten dich zu glauben, ihre Autorität müsse bedingungslos anerkannt werden. Diese Ansicht teile ich nicht. Ihre Vision ist gewiß wohlgemeint, aber mein Weg ist zielfrei.

Ich habe gelernt, *jetzt* richtig zu denken, ohne dies oder das anzustreben. Ich weiß aus Erfahrung, wenn ich *jetzt* richtig denke und handle, erreiche ich das, was den jetzt waltenden Umständen entspricht. Alles andere erübrigt sich.

Tania und du, ihr wißt, daß ich während des Krieges Wesentliches erfuhr. Ein Begriff umschreibt es: wahrnehmen. Oder anders gesagt: den Irrtum erkennen, die Wahrheit sehen.«

Wir trennten uns wortlos. Am nächsten Morgen fuhr ich ab. Paul und Tania habe ich nicht wiedergesehen, aber zwei Jahre darauf hörte ich, Paul sei gestorben, ja sogar, daß er den Tod gesucht habe. Dachte er vielleicht an die Weiße oder Schwarze Magie einer Göttin?

Um die Anziehungskraft der verborgenen Dimensionen unserer Welt ins rechte Licht zu rücken, ist es vorteilhaft, die Spreu vom Weizen zu trennen. Dies ist nur möglich, wenn die Erkenntnis der Dinge des Lebens die Suche der persönlichen Vorteile ersetzt.

Weise Menschen müssen leitend die Welt regieren. Um zu dieser Erkenntnis zu gelangen, ist es angebracht, sich den Mythen zuzuwenden, deren entschlüsselte Botschaften wesentliche, oft verkannte Wahrheiten enthalten.

9

Der kaleidoskopische Spiegel der Mythen, Legenden und Symbole

Eine Brücke zu schlagen, die scheinbar Unverbundenes verbindet, ist Ausdruck wahrer Vernunft. Nur eine alle Probleme der Welt verbindende Übersicht kann zu ihrer Lösung verhelfen. Um sie zu erreichen, ist es bedeutsam, die Botschaften der Mythen, Legenden und Symbole nicht zu verschmähen.

Es handelt sich nicht um die Entzifferung unbekannter Schriftzeichen, sondern um sichtbare oder unsichtbare Formen und Zeichen, die eine Welt von Bedeutungen erschließen. Sie vermitteln das Subtilste menschlicher Erfahrung, allerdings in einer Sprache, die entschlüsselt werden muß.

Religion, Kosmogonie, Wissenschaft, wie auch alle Gebiete menschlichen Wirkens und Denkens, sind nur scheinbar getrennt, und so ist diese Erkenntnis wesentlich, nicht nur, weil Weisheitslehren sie verbreiten, sondern auch, weil Mythen, Legenden und Symbole Weisheit als Quintessenz einer Bewußtseinserweiterung auf ihre Weise zugänglich machen. Erstaunen erweckt die Erkundung des Arkanums der abendländischen Überlieferung, deren Wert aus Unkenntnis oft geleugnet wird.

Der Stein der Weisen mag als Beispiel gelten. Der Skeptiker meint, er sei nichts anderes als ein Trugbild. Vielleicht vermag die folgende Beschreibung ihn zu veranlassen, eine zähe Voreingenommenheit loszulassen, da sie in einer unerwarteten Verkettung von Vorstellungen zu einer ebenso unerwarteten Übersicht verhilft.

Seit Äonen ruht der Stein der Weisen in den verborgenen Tiefen der Erscheinungswelt. Sie ist eine Scheinwelt, denn nur dank der Fähigkeit der fünf Sinne des Erdenbürgers setzen diese die schwingende Lebensdynamik des Universums in vielfältige Empfindungen um. Somit entsteht die Pracht der Welt nur im menschlichen Bewußtsein.

Am Ursprung, besagt die Bibel, erklangen die Worte »Es werde Licht«, und es ward Licht. Im Lichte der Erkenntnis wird auch das Verborgene offenbar, und diese Offenbarung trägt zum Fortschritt bei, der alles Bestehende der Vollkommenheit zuführt. Der Stein der Weisen bezeugt es, wenn eine Andacht so tief ist, daß sie das unerschütterliche Vertrauen in die Macht und Kraft des Lebens bezeugt. Diese schöpferische, formverleihende Kraft und Macht, die das Bestehen des Universums gewährleistet, wurzelt in einer kosmischen Gesetzmäßigkeit, die alles und jeden betrifft. Ihr Name ist Harmonie. Auch löst sie alle Zweifel, weil die überweltliche Ordnung, die sich als eine der Natur innewohnende Logik auf irdischer Ebene widerspiegelt, sie ausdrückt.

Der Stein der Weisen wird so zum Fels des Lebens. Er bedingt selbstständiges Denken, um in jedem Gedanken, in jedem Wort, in jeder Handlung die den Umständen entsprechende Harmonie zu offenbaren. In dieser Sicht versteht man die Worte des großen Pythagoras: Ein Fels ist zu Stein gewordene Musik.

Die Melodie der Klänge ist Musik und die Melodie des Lebens ebenfalls. Wäre das Universum ein Universum der Wohl- oder Mißklänge?

Am Anfang war das Wort, und ohne das Wort wäre nichts geworden, behauptet die Bibel. Das Wort ist Schwingung, und jede Schwingung erzeugt hörbaren oder unhörbaren Klang.

Der Stein der Weisen lädt ein, auf der Geheimklaviatur der Klänge der Natur mitzuspielen, um der Melodie des Lebens eine zusätzliche Prägung zu verleihen. Sie hat ihre Partitur, die der Vorsehung des Autors entspricht. Somit verhindert letztere jeden falschen Ton, der aus Unkenntnis der Partitur dem Zufall zugeschrieben wird.

Der Besitzer des Steines ist dessen bewußt und wandelt demnach Angst in Hoffnung auf dem Wege der Erkenntnis, sein Schicksal meistern zu können. Jeder Mensch hat einen Dirigentenstab in seinem Tornister. Sein Gewissen ist sowohl Dirigent wie auch stiller Wächter, somit ist er imstande, die vorgesehenen konsonierenden Abstände der Tonleiter eines Musikstückes hervorzurufen. Er weiß, daß Abstände, Verhältnisse, Beziehungen auf allen Ebenen die Harmonie des Ganzen kennzeichnen. Sie kann in Zahlen ausgedrückt werden, und so wird die Zahl zum Bindeglied der überweltlichen Ordnung mit ihrer weltlichen Spiegelung. Die sakrale Mathematik wird der Ausgangspunkt einer Kosmogonie, deren Ur-Einheit Goethe bestätigte, indem er behauptete: »Nichts ist innen, nichts ist außen, denn was innen ist, ist außen.«

Wissenschaftlich ausgedrückt, mag das Universum mit einem Netzwerk verglichen werden, welches von Beziehungen, Abständen und Verhältnissen unsichtbarer Wellen gebildet wird. Sie stoßen sich ab, verbinden sich oder übersteigen sich, um in vorgesehener Weise den Fortschritt alles Bestehenden zu fördern, welche Umstände auch immer vorherrschen.

Vorsehung, Fügung, divine Justiz sind Worte, die eine allumfassende Gesetzmäßigkeit bezeichnen, der auch Wunder nicht entgehen können. Die Behauptung Jesu ›Die Wunder, die ich vollbringe, ihr könnt sie vollbringen und viel größere noch‹, werden sodann verständlich.

Allerdings ist diese Behauptung nur verständlich, wenn mangels eines Dirigentenstabes, der uns auf dem Wege der Erkenntnis leitet, wir uns auf einen besonderen Stab stützen. Eine Bruderschaft der Gesellen, die im Mittelalter die gotischen Kathedralen bauten, haben ihn in ihr Wappen prägen lassen.

Als der Meister dieser noch heute bestehenden Bruderschaft fragte, ob ich einen Spazierstock als Symbol anerkennen würde, antwortete ich ohne Zögern. Die Magie der gotischen Steinfiligran-Wunderbauten ist ihre Harmonie.

Der Spazierstock verbildlicht eine unerläßliche Stütze, die notwendig ist, um sie zu offenbaren: die Stütze des divinen Gesetzes, das in den rechten Beziehungen, Verhältnissen und Abständen das ewig Schöne bekundet.

Vom Stein der Weisen zum ewig Schönen und vom ewig Schönen zum Stein der Weisen kann der Reigen der Zusammenhänge als Schlange, die sich in den Schwanz beißt, bezeichnet werden.

Im kaleisdoskopischen Spiegel der Mythen, Legenden und Symbole eint ein Lichtfaden den Fels des Lebens mit der singenden, schwingenden Harmonie der gotischen, magischen Kathedrale.

Der Priester benötigt eine Kanzel, um seine Predigt zu verkünden. Er kann sie entbehren, denn sie verewigt die Melodie des Lebens in Stein gemeißelt.

Mythen, Legenden und Symbole spielen eine besondere Rolle, wenn der Mensch die Mysterien seines Erdenweges erkunden will. Das menschliche Epos hat seine Höhen und Tiefen, aber beide Pole seines Wirkens mögen ihre Botschaft nur vermitteln, wenn jenseits des historischen Geschehens Verborgenes erkannt und verstanden wird. Die Grenzen der mentalen Vorstellungen weiten sich, und eine andere Dimension der Welt wird erschlossen. Sie ist jedem zugänglich, der nicht fälschlich glaubt, sie sei von der Alltagswelt getrennt, weil sie der Logik entgeht, ohne ihr zu widersprechen. Allerdings ist die Bedeutung der Symbole seelischer Natur, und so ist sie engstens mit der Entwicklung des einzelnen verbunden.

Mythen, Legenden und Symbole erschließen wesentliche Wahrheiten, aber in einer geheimen Sprache, die jenseits von Raum und Zeit verstanden werden muß.

Vielleicht ist es dieser Tatsache zuzuschreiben, daß Alexander der Große den Orient eroberte. Er wollte Achilles gleichen, und ohne die Ilias hätte er den Feldzug vielleicht nicht unternommen.

Wie bereits erwähnt, ist der Einfluß der Mythen, Legenden und Symbole seelischer Natur. Wahrnehmungsfähigkeiten erwachen um so mehr, als wesentliche Erkenntnisse in der Nacht des Unbewußten ruhen. Sie werden durch den Anklang an eine längst vergessene Erfahrung bewußt.

Geheimnisvoll wirken die Runen; geheimnisvoll wirken geometrische Figuren, je nach der vorangegangenen Bewußtseinserweiterung des Menschen. Sollte er den Mythos des Heiligen Grals kennen und wissen, daß es sich um einen magischen Kelch handelt, den Jesus beim letzten Abendmahl benutzte und weltweit bekannt machte, indem er verkündete: »Dieser Kelch ist das neue Bündnis in meinem Blut, das für euch vergossen wurde«, würde er die Suche des Kelches befürworten. Er würde begreifen, daß der Kelch, der verschwand, eine besondere Bedeutung haben muß, um edle Ritter zu so vielen Heldentaten anzuspornen. Auch würde er vielleicht schlußfolgern, daß die Gralsburg, in der Amphortas den heiligen Kelch behütete, die unüberwindliche Kraft des divinen Gesetzes veranschaulichte. Parzifal auf der Gralssuche erreichte sie nach Überwindung vieler Hindernisse, wurde aber von ihr verwiesen, weil er die notwendige geistige Tugend des Ritters noch nicht vollkommen besaß. Erst viele Jahre später konnte er sie als geprüfter Ritter des Geistes wiederfinden.

Es ist nicht leicht, die Symbolsprache zu entschlüsseln, weil sie sehr verschieden gedeutet werden kann.

Ein Zwischenfall, der in Irland stattfand, mag die unterschiedliche Deutung mythischer Überlieferungen beleuchten.

Glendalough ist eine alte keltische Siedlung, die zu einer späteren Zeit von Mönchen in ein christliches Zentrum umgewandelt wurde. Ein an diesem besonderen Ort lebender Archäologe behauptete, als wir auf den Gral zu sprechen kamen, dieser Mythos habe keinerlei keltischen Hintergrund. Darüber waren wir uneinig und tauschten Argumente aus. Dichter Morgennebel umgab uns, und es war kalt in Glendalough, besonders am Ufer des Sees, an dem wir uns befanden.

Als plötzlich ein Sonnenstrahl durch die Wolkendecke brach und sich Nebelschwaden bildeten, hörten wir zu sprechen auf. Waren es Halluzinationen oder war es ein unerklärliches Phänomen?

Wir sahen beide völlig klar eine Prozession von Rittern in ihrer Rüstung. Einer von ihnen, gefolgt von zwei anderen, trug ein strahlendes Gefäß. Ein unbeschreibliches Gefühl der Ehrfurcht überkam mich wie auch meinen Begleiter. Erstarrt standen wir da, wortlos.

Die Prozession zog vorüber und löste sich auf. Lange schwiegen wir.

»Der Heilige Gral!« rief ich endlich aus.

»Aber nein«, entgegnete der Archäologe, »es war die heilige Monstranz des keltischen Sonnenkults. In ihrer Mitte befindet sich eine strahlende Nabe, welche der heiligen Hostie nach ihrer Weihe zugedacht ist. Wir waren somit Zeugen des Überlebens eines uralten Sonnenkultes, der an diesem Ort ausgeübt wurde.«

Ich antwortete nicht, fragte mich jedoch, ob wir die Opfer einer Sinnestäuschung wurden oder ob eine Vision ein Geschehen wieder aufleben ließ.

Ein Psi-Phänomen, *Metagnomie* genannt, entspringt, so heißt es, einer Fähigkeit, vergangene Ereignisse durch eine psychische Spiegelung sichtbar zu machen.

Wie dem auch sei, eines ist gewiß. Ob Monstranz oder Gral, die Offenbarung bleibt sich gleich, sei sie den Nebelschwaden im Sonnenglanz oder der Metagnomie zuzuschreiben.

Ritter des Geistes ist jener, der das strahlende Licht des ewig Unantastbaren hütet und leitet, das Licht des Heiligen Geistes. Diese Deutung einte uns um so mehr, als uns beiden bewußt war, daß jede Auslegung letztendlich vermieden werden sollte, um jenseits aller Voreingenommenheit das Wesentliche zu erkennen.

Die Arkana der okkulten Dimensionen unseres Universums sind jedem zugänglich. Sich nicht von Illusionen verblenden zu lassen, ist die zu bestehende Prüfung. Um sie zu bestehen, muß man reinen Herzens sein und nicht aus ungesunder Neugier handeln. Viel Unfug wird mit sogenannter Esoterik getrieben. Falsches wird von Wahrem wissentlich getarnt und Wahres wird von Falschem entwertet. Es ist an der Zeit, sich der geistigen Tugend zuzuwenden und dementsprechend zu versuchen festzustellen, ob die Alchemisten tatsächlich den Stein der Weisen fanden und wie sie ihn verwerteten, wenn dem so wäre.

10

Die königliche Kunst der Wandlungen

Der Skeptiker ist überzeugt, all jene wären komische Käuze gewesen, die versuchten, im Dunste der Retorten, Destillierblasen und Schmelzöfen den Stein der Weisen zu finden. Daß Kaiser, Päpste, Heilige und Philosophen Alchemisten waren, scheint sie nicht des Gegenteils zu überzeugen. Sie begreifen nicht, daß Alchemie die königliche Kunst der Wandlungen ist, die in der Vielfältigkeit aller Formen die Einheit der Welt bezeugt.

Es ist unangebracht, die Alchemie in die Vergangenheit zu versetzen. Die Ökologie versucht heute, die Zusammenhänge zu erkennen, die durch unentwegten Wandel das von äußeren Umständen gestörte Gleichgewicht der Wirkungskräfte der Natur wiederherzustellen.

Zusätzlich zur Ökologie ist Alchemie jedoch nicht nur die Wissenschaft der Wandlungen, die das Gesetz der Harmonie, wenn es verkannt wird, auf weltlicher Ebene bedingt, sondern vor allem auch ein initiatischer Weg des Fortschritts, der die Einsicht in die Geheimnisse des Stoffes erheischt. Sie kann nur stattfinden, wenn geistige Tugend vorherrscht. »Ora et labora, bete und arbeite« sollte sie hervorrufen. Alchemie ist eine symbolische Natur-

wissenschaft, die veranlaßt, Verborgenes wahrzunehmen, um es in der jeweils zugänglichen Weise
bekanntzumachen. Da dieses Wissen als eine Häre-
sie verurteilt wurde, benutzten die Alchemisten eine
schwer verständliche Bildsprache. Sie war, so wollten sie es, nur für jenen übersetzbar, der aus geistiger
Tugend jede eigennützige Neugierde aufgab.

Geistige Tugend hängt von keiner ethischen
oder moralischen Anschauung ab. Sie wird in der
bildhaften Sprache der alchemistischen Symbolik
zum Stein der Weisen, der Blei in Gold wandelt
und Quarz in Diamanten, wie auch Kristalle in Ru-
bine.

Diese wunderbaren Fähigkeiten müssen im über-
tragenen Sinne verstanden werden, gleichfalls die
Behauptung, daß der Stein der Weisen ewige Jugend
verbürge und die Heilung aller Krankheiten herbei-
führe.

Wenn, wie im vorherigen Kapitel, der Stein der
Weisen als Fels des Lebens erkannt wird, ändert sich
der Sinn dieser Eigenschaften. Sie offenbaren als
Wirklichkeit die ordnende Wirkungskraft der Lebensdynamik, die jenseits der Erscheinungswelt in
der Harmonie der kosmischen Gesetzmäßigkeit jed-
weden Wandel hervorruft, der dem Fortschritt entspricht.

Verschiedene Benennungen dieser Kräfte in der
alchemistischen Symbolsprache erleichtern ihre
Deutung nicht. Der Stein der Weisen, meinten die
Alchemisten, als Grundlage einer tiefgehenden
Selbsterkenntnis, führt zur geistigen Tugend, die
Parzifal bei seinem ersten Besuch in der Burg des
Heiligen Grals noch nicht erreicht hatte.

Da alles, was unten ist, dem gleicht, was oben ist, sollten im Schmelzofen aller Beobachtungen alle Schlacken aufgelöst werden, die sich der geistigen Tugend widersetzen. Letztendlich induziert der Erfolg die gewünschten Wandlungen.

Stein der Weisen, Fels des Lebens besagt die Überlieferung, und so ist es angebracht, die Symbolik des Steines näher zu betrachten, denn die königliche Kunst umfaßt eine Welt von Bedeutungen.

Jakob legte seinen Kopf auf einen Stein und nannte ihn nach seinem prophetischen Traum *Beith-El,* das Haus Gottes. Jesus sagte zu Simon, dem Fischer: »Von nun an bist du Cephas, der Stein. Auf ihm werde ich meine Kirche erbauen.« Isis, die Göttin der Mysterien der Natur, wurde in Form eines schwarzen Steines verehrt. Die Kaaba in Mekka ist ein schwarzer Stein. Und unzählige weitere Beispiele könnten angeführt werden.

Sie haben eines gemeinsam: Der Stein spielt in allen Überlieferungen eine wesentliche Rolle, weil er stets der *Omphalos,* der Nabel eines allumfassenden Verständnisses ist.

Diese Tatsache bewahrheitet sich auch beim Stein der Weisen, der für den Alchemisten den Schlußstein des großen Werkes der Natur darstellt, nämlich den göttlichen Willen, zum allumfassenden Verständnis zu gelangen. Es zu offenbaren, macht ihn zum Weisen oder Magus, einem Brückenbauer, der in geistiger Tugend das Vergängliche mit dem Ewigen verbindet.

Im Verständnis, daß Geburt und Tod nur Etappen des ewigen Lebens sind, vermittelt geistige Tugend und somit der Stein der Weisen das Geheimnis der

Unsterblichkeit, nicht etwa als eine mentale Auffassung, sondern als einen Seinszustand. Ihm zufolge ist der Mensch nicht in das Altern des physischen Körpers einbezogen. Er verläßt ihn am rechten Zeitpunkt mit Würde. Er gibt ein Dasein auf und geht ein ins Leben.

»Illusorische Behauptungen!« mag der Skeptiker ausrufen. Eingesperrt in seine Gedankenwelt, kann er nicht anders schlußfolgern. Die Magie der Alchemie ist ihm fremd. Er weiß nicht, daß sich Skepsis in Erstaunen und sodann in Begeisterung wandeln kann, die zur Meisterung jeder Problematik verhilft.

Er denkt, daß die Wissenschaft Antwort auf alle Fragen habe. Er täuscht sich. Sie mag mit großem Aufwand an Energie im Zyklotron Blei in Gold wandeln, aber wie die Natur eine solche Wandlung vollzieht, entgeht ihm. Die Alchemisten kannten das Geheimnis der Lebensrhythmen, die den Bestand aller Elemente bewirken.

Dies scheint gewiß, aber bewiesen ist es nicht.

Der Skeptiker wird den Kopf schütteln, ohne zu bedenken, daß unser Wissen zwar groß ist, aber nicht zu erklären vermag, auf welche Weise eine Henne, die keinerlei Kalzium mit ihrer Nahrung aufnimmt, trotzdem imstande ist, Eier zu legen, deren Schale kalziumreich ist.

Eines kann nicht geleugnet werden: Um die Geheimnisse des Stoffes zu erkunden und somit den Stein der Weisen zu finden, leiteten die Alchemisten unser wissenschaftliches Zeitalter ein. Als initiatischer Weg ist Alchemie der Weg zur inneren Reife, Wurzel der geistigen Tugend, die ihrerseits innere Reife festigt.

Das Symbol der Schlange, die sich in den Schwanz beißt, illustriert unter anderem diese Ansicht. Alles ist verbunden. Der Ursprung und das Ende, der Kopf und der Schwanz; verbunden in der Bewegung des Lebens, welche der Kreis, den der Körper der Schlange bildet, veranschaulicht. Die Dualität alles Bestehenden verschleiert das alchemistische Geheimnis des *Rebis*, das Geheimnis der Zusätzlichkeit alles scheinbar Gegensätzlichen. Die Doppelseitigkeit aller im Universum schwingenden Kräfte, die die Erscheinungswelt im menschlichen Bewußtsein entstehen läßt, tarnt die Ur-Einheit.

Eine Brücke bauen zwischen diesen und jenen bewirkt im Verständnis der Zusammenhänge eine vorhersehbare Folge. Der Widerstand einer Glühbirne, eingeschaltet zwischen positiver und negativer Elektrizität, bewirkt Licht.

Um das Geheimnis der Lebenskräfte in den Tiefen der Natur zu ergründen, führten die Retorten, Destillierkolben und Schmelzöfen der Alchemisten etappenweise zur modernen Wissenschaft. Als initiatischer Weg veranlaßt Alchemie neues Denken und leitet somit zur Erkenntnis der Verbundenheit aller Phänomene, die die Ur-Einheit des lebenden Kosmos bekundet.

Die Worte Lao Tses mögen diese Betrachtungen abschließen.

»Zu verstehen, daß dies nicht gegensätzlich ist jenem, ist Wesen des Tao.«

Tao ist der chinesische Ausdruck für ›Weg‹. Eines ist gewiß: Im nächsten Kapitel ist der verbindende Weg nicht leicht zu finden.

11

Die tiefe Kluft

Begebenheiten, Ereignisse, Botschaften bilden, aus hoher Warte gesehen, ein kaleidoskopisches Weltbild. Der rote Faden, der die Verbindung zwischen diesem und jenem herstellt, ist das Verständnis der oftmals schwer zu entdeckenden Zusammenhänge.

Es ist nicht erstaunlich, daß eine Brücke, die Phänomene, Elemente, Behauptungen oder Ereignisse eint, welche scheinbar völlig getrennt sind, Gegensätzlichkeit übersteigen muß, um zur Erkenntnis verborgener Beziehungen zu führen. Versuchen wir zwei sehr verschiedene Begebenheiten zu verbinden. Sie sind getrennt, und es ist daher nicht leicht, ein Bindeglied zu erdenken, das durch eine wesentliche Erkenntnis ihre Gegensätzlichkeit überbrückt.

Versuchen wir es trotzdem, und werfen wir in dieser Absicht einen Blick in einen Raum, in dem auf einem Ruhebett eine Frau bewegungslos liegt. Ihre Augen sind geschlossen; ihre Hände sind gefaltet, und sie spricht tonlos, aber verständlich. Eine kleine Anzahl von jungen Menschen sitzt im Lotussitz um das Ruhebett und lauscht andächtig ihren Worten.

»Ein Engel spricht durch mich«, murmelt die Frau. »Engel sind Lichtwesen. Sie helfen allen Menschen in Gefahr, denn als Botschafter Gottes ist ihre

Liebe grenzenlos. Ihr seid auserwählt, ihre Gegenwart zu fühlen und so in ihrer Obhut zu sein.«

Fasziniert lauschen die jungen Menschen, bewußt, einen besonderen Augenblick zu erleben. Draußen strahlt die Sonne. Der Schnee auf den Gipfeln der Berge glitzert, während der See im Tal der kanadischen Landschaft ihre massiven Formen widerspiegelt.

Zu bemerken ist, daß Zwiegespräche mit Engeln oder Beziehungen mit Wesenheiten das Thema von vielen Büchern bilden. Wesentlich ist, weder zuzustimmen, noch sie als Hirngespinst zu verneinen. Im Rahmen der Ergründung unerwarteter Zusammenhänge ist es notwendig, zu begreifen, welche Ursachen eine so tiefe Kluft zwischen zwei Weltanschauungen hervorrufen. Verstehend kann sie vielleicht vermieden werden.

Einerseits erfreuen sich Zuhörer einer im Zustand der Trance weilenden Frau, mit Engeln zu sprechen und ein Gefühl der völligen Geborgenheit zu empfinden.

Andererseits steinigen Bauern ein unschuldiges Opfer der Habsucht, welches Höllenqualen erleidet und von keinen Engeln behütet wird.

Wahrscheinlich wäre es richtiger, nicht von zwei Weltanschauungen zu sprechen, sondern von zwei diametral gegenüberstehenden Bereichen.

Die Begebenheit ist authentisch und wird so vorurteilslos wie möglich geschildert. Aus hoher Sicht gibt es keine Distanz. Dessen gewahr, wenden wir uns dem Südosten zu, weil dort in den kahlen Bergen, nahe dem Kaspischen Meer, ein schauriges Schauspiel sich abrollt.

Unweit eines Dorfes erblicken wir den Kopf einer Frau, der wie abgeschnitten auf der Erde liegt. Erst bei näherem Hinsehen bemerken wir, daß die Frau, bis zum Hals eingegraben, unfähig ist, sich zu rühren. Auch sind ihre Augen geschlossen, doch Blut rinnt über ihre Wangen, während Stein auf Stein den wehrlosen Kopf trifft.

In einem Kreis von rund 15 Metern Durchmesser stehen die Dorfbewohner und steinigen das unglückliche Opfer, das viele Jahre lang ihre Nachbarin war. Obwohl Mutter von drei Kindern, hatte ihr Mann beschlossen, eine andere Frau zu heiraten. Nach dem koranischen Gesetz hätte er sie wegschicken können, aber nicht ohne ihr ihre Mitgift zurückzuerstatten. Um dies zu vermeiden, kam er mit dem Mullah überein, sie als Ehebrecherin zur Steinigung zu verurteilen.

Jeder im Dorf wußte, das Urteil sei gewollt, aber keiner wagte der Feindschaft des Mullahs zu verfallen. Stein auf Stein schlug auf den Kopf der Verurteilten, bis sie verschied, scheinbar ohne daß ein Engel ihr Schutz und Hilfe gewährte.

Um wahrzunehmen, ob ein Zusammenhang zwischen zwei so verschiedenen Ereignissen besteht, muß jede Illusion vermieden werden. Dies ist um so notwendiger, wenn ein Zusammenhang ein Bindeglied zwischen diesen oder jenen werden kann. Die Folterung der gesteinigten Frau ist gewiß keine Illusion. Der Wille und die Hoffnung, sich geborgen zu fühlen, stachelt die Einbildungskraft an. Dies ändert jedoch die Gegenüberstellung zweier Welten nicht.

Auch ist es angebracht, zuzugeben, daß Kräfte, deren Ursprung unbekannt sind, im Universum pulsieren und somit Verbindungen herbeiführen, die jeder Beobachtung entgehen. In angelsächsischen Ländern nennt man ›channeling‹ die Fähigkeit, in einem Zustand der quasi Trance Botschaften, Diagnosen, Antworten zu empfangen, die diese Kräfte aus dem Nirgendwo eingeben.

Die Menschen, die diese Fähigkeiten besitzen, sind felsenfest überzeugt, ein Kanal überweltlicher Eingebungen zu sein. Psi-Phänomene oder solche, die ihnen ähneln, sind verbreitet und unleugbar.

Festzustellen, daß viel Unfug getrieben wird, ist nicht, ein Urteil zu fällen. Sicher ist, daß die gesteinigte Bäuerin von Engeln keinen Begriff hatte, und demnach stellt sich eine wesentliche Frage: Ist der Mensch Spielball willkürlicher Einflüsse oder ruft er sie hervor?

Alle bisher geschilderten Begebenheiten scheinen eine allumfassende kosmische Ordnung und Harmonie zu bezeugen, die alles und alle einbezieht. Die ihr eigene Gesetzmäßigkeit im Denken, Sprechen und Wirken zu berücksichtigen oder zu vergewaltigen und somit durch menschliche Initiativen zu stärken oder zu schwächen, setzt ordnende oder zersetzende Energien in Bewegung.

Die Freiheit des Menschen ist es, durch seine Initiativen den Fortschritt der Welt zu fördern oder zu hindern. Aufstieg oder Niedergang einer Zivilisation ist die Folge. Letzterer mündet im Chaos, denn Chaos ist kein Lebensprinzip. Chaos ist ein Übergangszustand, der die Tatsache eines allzutiefen Verfalls unantastbarer Werte nach sich zieht. Das Gefühl der Geborgenheit der anscheinend mit Engeln in Verbindung stehenden Zuhörer, gleichgültig ob es sich um eine Illusion handelt oder nicht, bezeugt die Andacht eines ersehnten Aufstiegs. Die Steinigung einer unschuldigen Bäuerin, die die Habgier eines Ehemanns erforderte, kennzeichnet die höllische Wirkungskraft, die die Vergewaltigung ewiger Werte hervorruft. Die Freiheit des Menschen, wohltuende oder schädigende Initiativen zu ergreifen, führt aufwärts oder abwärts.

Chaos ist somit das Bindeglied, das Gut und Böse wie auch Finsternis und Licht, also Aufstieg und Niedergang verbindet. Seien wir jedoch bewußt, daß die Arche Noahs im Chaos der Sintflut die schöpferische, formverleihende Dynamik des Lebens als virtuellen Keim enthält. Er ist somit der Keim kommender Entwicklungen. Sie sind von vergangenen Erfahrungen geprägt, um alle Formen in neuer Weise zu offenbaren. Eine fortschrittliche Zivilisation erblüht im nie endenden Werden.

Die Berufung des heutigen Menschen ist es, das große Wissen, welches er seinem Genius verdankt, weise dem Wohle aller zugänglich zu machen. Weise denken, weise handeln ist das Motto der rechten Wahl, welche Entscheidungen auch immer der Erdenbürger zu treffen hat. Die Verantwortung ist jedem überlassen, und die Ergründung unerwarteter Zusammenhänge ist stets ausschlaggebend.

Ausschließlich die rechte Entscheidung im rechten Augenblick kann die tiefe Kluft überbrücken, die zwischen der Welt der Engel und der Welt der Steinigung klafft. Aufstieg oder Niedergang, die Wahl ist unser.

12

Verzückung einer Sternstunde

Ein Zustand der Verzückung wird nur durch besondere Umstände hervorgerufen. Er drückt einen Zustand der Entrückung aus, weil alle Einflüsse der logisch-rationalen Denkweise ausgeschaltet sind.

Das Gefühl einer noch nicht gekosteten Wonne überwältigt, und vielleicht unbewußt flieht man nach vorwärts, um, so hofft man, es ungehindert neu zu empfinden.

Ein romantisches Sehnen mag notwendig sein, um die Verzückung zu erleben. Ein Sehnen nach einem wunderbaren Anderswo.

Ich dachte nicht an Verzückung, als das Thema der geheimen Kraft der lauteren Gebärde mich beschäftigte. Ein vorangegangenes Kapitel ist ihr gewidmet.

Um sie besser zu erkunden, dachte ich an das Mysterium der Geistheilung, die ja den gleichen Ursprung zu haben scheint. Meinem Wunsch zufolge, hatte ich einen Besuch bei einem Geistheiler vorgesehen und an seine Pforte geklopft. »Ich sehe mit Freude, daß die Kupferstiche dort an der Wand Ihre Blicke anziehen. Sie haben recht, sie zu bewundern. Die Künstlerin, die sie schöpfte, hat versucht, ihnen die Romantik ihrer Seele einzuverleiben.«

Die Stimme des betagten Mannes zitterte ein wenig. Er fuhr mit der Hand über sein weißes Haar und schaute mit seinen gütigen Augen ins Weite. Das Fenster, das weit offenstand, ließ die frische Waldluft ein, während eine Kuhglocke in der Ferne bimmelte.

Das Haus, in dem wir uns befanden, stand in der hügeligen Landschaft der Voralpen, und sein Besitzer Jonathan war ein bekannter Geistheiler, zu dem ich mich begeben hatte, um mehr über die Fähigkeit zu erfahren, die anscheinend auf Distanz heilt.

In einem Buch hatte Jonathan Fälle erwähnt, die geradezu an Wunder grenzten: Blutungen, die plötzlich aufhörten, Schmerzen, die verschwanden, wuchernde Zellen, die gesundeten und ähnliches mehr.

»Geistheilungen gehören in das Gebiet des geheimen Wirkens der Lebensenergien«, meinte mein Gastgeber, »und obwohl Sie über dieses Thema schreiben wollen, kann ich Ihnen eigentlich nicht sehr behilflich sein, da ich keinerlei Erklärung für die mir gelungenen Heilungen habe. Ich bin nur ein Mittelsmann. Die Kräfte, die ich leite, sind überweltlicher Natur. Ich versuche, ihr geläuterter Kanal zu sein.«

Er unterbrach sich, um sodann nachdenklich fortzufahren: »Das lateinische Sprichwort *medicus curat, natura sanat,* der Arzt pflegt, die Natur heilt, spricht für sich.

In spiritueller Verbundenheit sind wir beide, der Patient und ich, fähig, heilend unerwartete Erfolge zu erzielen.«

Ich nickte zustimmend. »Sie bestätigen meine eigene Ansicht, auch will ich Sie nicht lange belästigen. Haben Sie Dank, daß Sie mich empfangen haben.« Mein Gastgeber nickte, und so sprachen wir noch eine Weile über sogenannte Wunderheilungen.

Ich stand auf, um Abschied zu nehmen, schwieg jedoch, als ich die Kupferstiche in goldenen Rahmen entlang des Geländers der Treppe, die zum Obergeschoß führte, anschaute. Meinem bewundernden Blick folgend, lud mich Jonathan ein, sie näher zu betrachten. Die Zartheit der Linien und die kaum angedeuteten Farben, die die Künstlerin nachträglich dem Erstdruck beigefügt hatte, begeisterten mich. Ich fand kaum Worte, meine Empfindung auszudrücken.

Jonathan schien glücklich. »Sie sind genauso romantisch wie Isabella es war oder vielleicht noch ist«, sagte er leise. »Setzen Sie sich noch einen Augenblick. Ich bin überzeugt, daß Ihre Initiative, über Geistheilungen mit mir zu sprechen, nicht der Neugierde entspringt. Seit Sie mich anriefen, um mich zu bitten, Sie zu empfangen, habe ich eines Ihrer Bücher gelesen.

Umdenken, so meinen Sie, soll der Menschheit verhelfen, ein lichtes Morgen vorzubereiten. Vielleicht kann ich einen Beitrag leisten. Ich möchte ein Ereignis beschreiben, welches das Dasein zweier Menschen völlig wandelte.«

Ergriffen setzte ich mich an seine Seite.

»Es war so gegen Ende der zwanziger Jahre«, fing Joanthan an zu erzählen. »Zu dieser Zeit waren wir kaum zwanzig Jahre alt, Isabella und ich. Wir wollten heiraten, aber nicht gleich. Wir träumten von Vollkommenheit, sowohl der Liebe wie der Ehe.

Isabella war, wie schon erwähnt, bis aufs äußerste romantisch veranlagt. Eine gewisse Melancholie gehörte zu ihrem täglichen Brot, weil ihr ständiges Sehnen, das Unerreichbare zu erreichen, der Grundzug ihres Charakters war, aber ebenfalls die Wurzel ihrer schöpferischen Kraft. Ich kenne dieses Sehnen und setze es heute in Zuneigung um.«

Lange schwieg Joanthan, in seine Erinnerungen versunken.

»Wir verbrachten den Sommer in Ungarn, unserem Heimatland, nahe dem Balatonsee. Ein Radausflug führte uns weit hinaus in die Pußta, in das grenzenlose Grasland Mitteleuropas. Wir hatten uns verfahren. Die Nacht brach herein. Wir radelten weiter, in der Hoffnung, ein Dorf zu finden.

Ein helles Feuer zog uns an. Ein ausgehöhlter Baumstamm diente den Pferden als Tränke. Angekoppelt schliefen sie im Stehen. Zigeuner tanzten in einer Runde um ein Leintuch, das ausgebreitet auf der Erde lag. Die braunen Blutflecken bewiesen, so erklärte man uns, daß die Braut jungfräulich in die Ehe ging.

Ich vergaß zu sagen, daß es sich um ein Hochzeitsfest handelte. Wir wurden eingeladen mitzutanzen, aber das Ende der Feier war nahe. Bald blieb außer uns nur ein Zigeuner außerhalb der Wohnwagen.

Er saß angelehnt an den Baumstamm, der als Tränke diente, und hielt wie abwesend seine Panflöte an den Mund, während seine Hand sie mit größter Fertigkeit entlang der Lippen bewegte. Die Klänge, die er ihr entlockte, erweckten in uns ein Gefühl der unendlichen Traurigkeit, denn das Hoch und Tief der Töne erweckte ein Sehnen, das jeder Wirklichkeit entging. Das sterbende Feuer, das fahle Mondlicht, das Funkeln der Sterne, die stummen Wohnwagen der Zigeuner und die schlafenden Pferde verschwommen sichtbar, schienen gespenstisch einer Phantasiewelt anzugehören.

Die Erde als Stützpunkt schwankte unter unseren Füßen.«

Lange schwieg Jonathan, bevor er fortfuhr.

»Isabella war, ich fühlte es, nicht nur erschüttert, nein, verzückt. Das Geheimnisvolle der Nacht und das unendliche All schlugen sie in ihren Bann. Wie eine Schlafwandlerin rückte sie ganz nahe an mich heran, umarmte mich und flüsterte mir ins Ohr: ›Komm, jetzt will ich dein sein, diesmal und für immer.‹«

Joanthan schloß die Augen, und ich rührte mich nicht. Als er sie wieder aufschlug, änderte sich der Ton seiner Stimme.

»Ich habe wenig hinzuzufügen. Der Tag war seit langem angebrochen, als wir heimkamen. Ich packte meine Sachen, da ich zum Semesterbeginn nach Budapest mußte.

Als ich Isabella zum Abschied küßte und ihr sagte: ›Auf bald‹, nahm sie meine Hand führte sie an ihre Lippen und antwortete: ›Nein, Jonathan, auf nimmer. Wir haben die Vollkommenheit erlebt, ein unbeschreibliches Privileg, das unser wertvollster Schatz sein soll. Jedes banale weitere Zusammensein würde ihn nur vergeuden. Das soll nicht sein.

Es wäre frevelhaft, erhabene Magie in sinnliche Lust zu erniedrigen. Gott sei mit dir. Du hast mir das Unwahrscheinlichste offenbart, die geistige, übersinnliche, unübertreffliche Einung.‹«

Jonathan und ich saßen einander gegenüber. Keiner von uns rührte sich. Jonathan war blaß, sehr blaß, als er mit veränderter Stimme fortfuhr.

»Ich fühle mich erleichtert, jawohl erleichtert. Es war eine Beichte, und ich benötigte sie, denn ich scheute mich bisher, über dieses Erlebnis zu Menschen zu sprechen, die es nicht begreifen können. Habt Dank, zu denen zu gehören, die begreifen können. Habt Dank.«

Ich erhob mich, ergriff seine beiden Hände und schüttelte sie.

»Ihre Beichte hat mich tiefstens berührt. Ich will jetzt gehen, weil weitere Worte sich erübrigen.«

Jonathan schüttelte den Kopf. »Vergessen Sie nicht, daß ich einen Beitrag leisten wollte. Er steht noch aus.«

Zögernd setzte ich mich. »Sind Sie gewiß, es soll so sein?«

Jonathan nickte. »Gewiß!« Er atmete tief ein.

»Ich habe Isabella nicht wiedergesehen, aber ich habe ihren Werdegang nie ganz aus den Augen verloren. Sie hat viel Erfolg als Künstlerin. Sie blieb allein, ich meine, ohne Partner. Ich kann nur hoffen, daß sie glücklich war und ist. Ein Jahr nach unserer Trennung schickte sie mir per Post die Kupferstiche, die Sie bewunderten.

Die Magie einer Sternstunde in der Pußta meiner Heimat hat aus mir einen Geistheiler gemacht. Das Sehnen jedoch nach Vollkommenheit bleibt lebendig. Es öffnet mein Herz den divinen Kräften, die ich mit meinen Gedanken jenen übermittle, die leiden und an das Wunder, die der Geist vollbringen kann, glauben.«

112

Ich stand auf und nahm Abschied. »Darf ich Sie um etwas bitten?« fragte ich, die Hand bereits auf der Türklinke.

»Selbstverständlich«, antwortete Joanthan, »um was handelt es sich?«

»Ich möchte meinen zukünftigen Lesern einen sehr wesentlichen Aufschluß geben, der uns alle angeht. Ist es richtig, zu behaupten, daß Sie nie Geistheiler geworden wären ohne die für Sie so schmerzhafte Trennung?«

Jonathan schien meine Frage nicht gehört zu haben, denn er blieb stumm. Ich drückte die Klinke der Tür herunter, als seine Stimme mir Halt gebot.

»Meine Antwort soll mein Beitrag sein. Sie können es Ihren Lesern sagen. Ich war lange wie vor den Kopf geschlagen. Ich irrte in der Universität umher und vernachlässigte mein Studium. Tausendmal dachte ich daran zu versuchen, wieder mit Isabella anzuknüpfen, aber ich wußte, es wäre nicht nur umsonst, sondern für sie eine brennende Enttäuschung.

Ihre Vision einer überwältigenden Erfahrung bedingte auch meine Vollkommenheit. Vereinsamt wandte ich mich einer Gruppe zu, die sich mit Esoterik befaßte. Meine Fähigkeit, geistig zu wirken, kam zum Vorschein. Mehr und mehr wurde ich gewahr, welche geheimen Kräfte durch mich strömen, aber um was es eigentlich geht, ist die Frage, ob Geistheiler zu sein meine menschliche Berufung ist.«

Gespannt wartete ich auf eine Antwort.

»Ich denke, ich mußte den Weg gehen, den ich gegangen bin. Meine Fähigkeit zu heilen ist gewiß für manche Menschen wichtig. Aber noch viel wichtiger scheint mir die Tatsache zu sein, heute in der Wirrnis der Welt beweisen zu können, daß eine kosmische Vorsehung dem menschlichen Schicksal eine seinen Fähigkeiten angepaßte Prägung verleiht. Sie bezeugt eine überweltliche Ordnung unseres Universums, die sich auf weltlicher Ebene widerspiegelt.«

Auf Zehenspitzen verließ ich meinen Gastgeber, der wie überwältigt regungslos auf seinem Sitz verblieb.

Auf dem Heimweg dachte ich an das Besondere der Begegnung und stellte fest, wenig über Geistheilungen erfahren zu haben. Ich erkannte die Bedeutung und Vielseitigkeit der ›Beichte‹ und nahm mir vor, Jonathan zu schreiben, um ihm meinen Dank und meine Zuneigung auszudrücken.

Wenn, so überlegte ich, der Geist, weise geleitet, heilend wirken kann, so bleibt das Geheimnis seiner heilenden Kraft ungelöst. Wenn es der Hingebung des Heilers gelingt, durch Anklang die Zellen eines Kranken in harmonische Schwingung zu bringen, ist dies wohl in manchen Fällen ausschlaggebend, aber nicht in allen. Definitive Heilungen erfordern oftmals zusätzliche Impulse, deren Ursprung der Heiler nicht kennt. Eines jedoch ist sicher: Nach der Erzählung Jonathans war ich mehr denn je überzeugt, daß gewisse Umstände wie die quasi magische Verzückung und die darauffolgende Trennung von einer geliebten Frau das Schicksal eines jeden in neue Bahnen leitet. Mangels einer Übersicht, welche die Zusammenhänge kenntlich macht, welche diese Umstände bewirkten, ist keine rechte Entscheidung möglich. Jonathan ließ sich leiten. Seine Fähigkeiten wiesen einen Weg. Er schlug ihn ein, ohne der Vorsehung zu vertrauen, die ihn vielleicht vorsah. Seine Zweifel, wie auch seine Trauer verschwanden nicht. Er wurde Geistheiler, ohne zu wissen, warum.

Dieses Beispiel bezeugt die Wichtigkeit der Ergründung der unerwarteten Zusammenhänge. Sie bildet die Grundlage der Meisterung seines eigenen Schicksals.

13

Die Anziehungskraft des Okkulten

Die synonymen Worte ›geheim‹ und ›okkult‹ haben nicht so, wie sie verstanden werden, die gleiche Bedeutung. Ursprünglich hofften sogenannte Okkultisten, die Trennungslinie auszumerzen, die das Diesseits vom Jenseits trennt. An ein Leben nach dem Dasein glaubend, versuchten sie und versuchen manche Menschen auch in unserer Zeit, mit Verstorbenen eine Verbindung herzustellen, Geisterbeschwörungen einzuleiten und manches mehr, um kurz gesagt die okkulte Dimension des Universums zu erkunden.

Ein solches Anliegen, auch wenn gewisse Praktiken zumindest zweifelhaft erscheinen, dient trotz allem Bedauerlichen der Kenntnis der Dinge des Lebens. Manche Praktiken wurden jedoch im Laufe der Zeit verfälscht, um leidenschaftliche Auswüchse zu rechtfertigen. Menschenopfer, schwarze Messen, zügelloser Scharlatanismus folgte in vielen Fällen und wurde als Schwarze Magie gebrandmarkt. Das verborgene Wissen fehlte. Es ist der beste Schild gegen böse Zauberei, die mit Magie nichts zu tun hat. Aus Unverständnis wurde sie verpönt.

Die Sanskritwurzel des Wortes ›Magie‹ ist *maj* und bezeichnet etwas Großes, Erhabenes. Auch soll der Ausdruck Magie, der in den vorhergehenden

Kapiteln oftmals erschien, stets als erhabene Magie verstanden werden. Sie umfaßt die Dynamik aller in der Natur wirkenden Kräfte, deren Ineinanderwirken allem Bestehenden Form verleiht. Die Einweihung in die Geheimnisse dieser Dynamik war im alten Ägypten vor allem Hohepriestern zugedacht. Ägypten war eine Theokratie, und Hohepriester lenkten das Land, wenn auch der Pharao als Gottkönig angebetet wurde.

Der Gedanke, in einem magischen Universum zu leben, war selbstverständlich, und demnach wurde Magie als Wissenschaft der Wissenschaften angesehen. Sie bildete die Grundlage der Religion, der Biologie, der sehr hochentwickelten Heilungsmethoden, der Astrologie, der Astronomie, der Künste der handwerklichen Arbeit und der in den Tempeln ausgeübten Rituale. Kurz gesagt: Sie war der Spiegel der kosmischen Magie. Es ist daher nicht erstaunlich, daß drei Magier, auch Könige genannt, nach Bethlehem pilgerten. Ein Stern leitete sie.

Es erübrigt sich gewiß, wie es der Fall ist, erforschen zu wollen, ob sich in der Heiligen Nacht astronomische Phänomene in Palästina ereigneten. Einerseits kennt man das genaue Datum der Geburt Christi nicht, da es im Laufe der Zeit geändert wurde. Andererseits sind Nietzsches Worte aufschlußreich: »Solange«, sagte er, »du den Stern nur über dir siehst, hast du nicht die Sicht der Erkenntnis.«

Seit jeher leiteten Sterne Seefahrer und Wanderer. »Stehe auf und gehe« lädt das Funkeln der Sterne den Menschen ein. Der Stern, der die drei Weisen leitete, war vielleicht ein Symbol der divinen Leitung. Der

Gedanke, in einem magischen Universum zu leben, ist weniger absurd, als es scheint.

»Es werde Licht« und es ward Licht ist ein Akt erhabener Magie. Den Stab Aarons in eine Schlange zu verwandeln ist ein Akt religiöser Magie. Die Vervielfältigung der Brote ist ein Akt der liebevollen Magie. Die Geburt des Erlösers ist ein Akt der divinen Magie.

Wenn ein Sonnenstrahl dank dem Chlorophyll der Pflanzen Kohlenstoff und Wasser in Kohlehydrate verwandelt, ist es ein Akt der Magie der Natur, denn ohne ihn gäbe es kein Nahrungsmittel auf Erden.

Erhabene Magie, unschuldig der Frevel, die man dir zuschreibt, sei überzeugt, daß all jene, die verstehen, daß verborgenes Wissen alles bedauerlich Falsche ausschließt, niemals Schwarzmagier zu werden. Du hütest einen Schatz, aber das »Sesam öffne dich« der Schatzkammer ist die Würde, die Weisheit, die Erkenntnis, welche wahrem Glauben, wahrer Liebe und tiefer Hoffnung in ein lichtes Morgen innewohnt.

Entsprechend der Ergründung der Zusammenhänge, dank der Übersicht aller jetzt waltenden Umstände, ist das Ergreifen der jetzt notwendigen Initiativen der Ausdruck einer notwendigen Harmonie, die als Nenner der kosmischen Gesetzmäßigkeit die Magie der Magie offenbart.

14

Das Gesetz der Ursachen und Folgen

Der Mensch verfällt gern einer Illusion, wenn sie seinen Wünschen entspricht. Unzählige Beispiele könnten aufgezählt werden, aber es handelt sich vor allem darum festzustellen, wie man Illusion und Wirklichkeit am besten trennen kann.

Wählen wir als Ausgangspunkt das Gesetz der Ursachen und Folgen. Jede Ursache, so heißt es, zieht eine Folge nach sich. Sie mag vorhersehbar oder unvorhersehbar sein, aber es muß hinzugefügt werden, daß auf dem Gebiet des unendlich Kleinen, also im Atom, Phänomene festgestellt werden, die scheinbar keine Ursachen haben. Die moderne Wissenschaft ersetzt daher jedwede Sicherheit durch eine statistische Wahrscheinlichkeit.

Das Gesetz der Ursachen und Folgen kann trotz dieser Einschränkung als eine dem Erdgeschehen eigene Wirklichkeit angesehen werden. Der Wissensdurst plagt jedoch den Menschen, und so dehnt er das Gesetz der Ursachen und Folgen aus. Wenn, so schlußfolgert er, es ein Leben nach dem Leben gibt, und er möchte, daß es eines gäbe, so könnte ein neues Dasein Folgeerscheinungen des vorhergehenden aufweisen. Mangels Sicherheit betritt man das Gebiet des Zweifels. Um ihm zu entgehen, versucht man jedoch Beweismaterial zu sammeln, das seine Meinung festigt.

Aus Indien stammen Erzählungen von Kindern, die ganz jung genau beschrieben, wie und wo sie seinerzeit gelebt hatten. Aus Tibet hört man, daß Mönche nach dem Tode religiöser Würdenträger ein Kind entdeckten, das nach langwieriger Untersuchung scheinbar zweifellos die Wiedergeburt des Würdenträgers ist.

Karma nennen die Orientalen das Gesetz der Ursachen und Folgen, das sich in einem oder mehreren Dasein offenbart. Für die einen handelt es sich um eine Illusion, für die anderen um eine Wirklichkeit. Nichts soll hier behauptet werden, aber eines mag man feststellen: Die Trennungslinie ist verschwommen.

Nehmen wir nun an, man wolle eine Gruppe von Menschen veranlassen, in vorhersehbarer Weise zu denken und zu handeln. In Kenntnis ihrer Bedürfnisse, ihrer Wünsche, ihrer Befürchtungen und ihrer Hoffnungen können Illusion und Wirklichkeit, richtig dosiert, psychische Bereitschaft bewirken. Sie ist ein wesentlicher Stützpunkt der gewollten Einflußnahme, die durch Angst bedeutend erleichtert werden kann.

Diktatoren, Fanatiker, Medizinmänner tribaler Gemeinschaften, Gründer von Sekten wußten und wissen, wie bestens Angst hervorzurufen ist. Sie kann einer Wirklichkeit oder einer Illusion entsprechen.

Folgende authentische Begebenheit veranschaulicht die Schwierigkeit, Illusion und Wirklichkeit zu trennen. Sie fand während des letzten Weltkrieges statt, ist aber nur indirekt mit ihm verbunden. Auch bezeugt sie, wie Angst, der man entgehen möchte, Wirklichkeit und Illusion verzerrt.

Während eines unvorhergesehenen, kurzen Aufenthaltes in London im Jahre 1945 wohnte ich bei Marie-Michelle, einer Französin, die mit einem abwesenden englischen Offizier verheiratet war.

Außer mir wohnte in der komfortablen Vorstadtwohnung eine junge Polin, deren Schicksal (sie war von der polnischen Untergrundbewegung nach London geschickt worden) sehr tragisch endete. Sie nahm sich das Leben, weil sie ihre Mission in London verfehlte.

Josiane, eine junge Französin, Witwe eines Piloten, der vor kurzem über dem Meer abgeschossen worden war, hatte bei Marie-Michelle Zuflucht gefunden.

Eines Abends blätterte ich im gemeinsamen Wohnraum in einem Buch, während Josiane sich vor dem Kamin auf einem Eisbärfell hingelegt hatte.

»Ich töte alle, die ich liebe«, sagte sie plötzlich leise. Ich schaute sie erstaunt an. »Jawohl«, fuhr sie fort, »ich hatte eine Katze und liebte sie sehr. Sie wurde überfahren. Ich hatte ein kleines Kind. Ich liebte es sehr; es starb. Ich hatte einen Mann. Ich liebte ihn sehr. Er wurde abgeschossen.« Sie seufzte tief und wiederholte: »Ich töte alle, die ich liebe.« Ich sah die junge Frau voll Mitgefühl an. Sie war eine sehr hübsche und attraktive Frau. Ihren Worten fehlte jedes Pathos. Sie sprach, als ob das Gesagte nebensächlich sei. Ich wollte antworten, als Marie-Michelle, deren Kommen mir entgangen war, es an meiner Stelle tat.

»Liebste Josiane«, wandte sie sich an die junge Frau, »du weißt, daß Geister mit mir kommunizieren. Gestern abend beim Tischerücken erhielt ich eine Botschaft für dich. Da ich tagsüber arbeitete, kam ich erst jetzt, sie dir zu übermitteln. Du sollst, so hieß es, keinen Kummer haben. Liebe und Glück erwarten dich.«

Josiane setzte sich vor dem Kamin auf. »Unsinn, Marie-Michelle«, antwortete sie, »du willst meine Angst in Hoffnung wandeln. Du weißt, wie sehr ich fürchte, jene, die ich liebe, zu töten. Ich bin eine der Gorgonen.«

Marie-Michelle nickte. »Ich weiß es, aber meine Geister lügen nie. Wir waren zu viert an dem Tisch. Unsere Handflächen befanden sich circa fünf Zentimeter über der Tischplatte und berührten ihn also nicht. Auf meine Frage fing der Tisch an, zu schweben, kam wieder zum Stehen und klopfte ›ja‹. Du weißt, er klopft einmal für ›ja‹ und zweimal für ›nein‹.« – »Welche Frage stelltest du?« wollte Josiane wissen. »Ich fragte: ›Wird Josiane eines Tages ihre Furcht verlieren?‹ Wie gesagt, der Tisch antwortete ›ja‹. Ich fragte weiter: ›Sind Liebe und Glück für sie vorgesehen?‹ Wiederum klopfte er einmal, und als Leslie Howard, der mir gegenüber saß, das Wort ›bald‹ fragend aussprach, war die Antwort ein drittes Mal ›ja‹.« – »Hat Leslie mich vermißt?« erkundigte sich Josiane. »Sehr sogar«, lächelte Marie-Michelle. »Seit dem Tode seiner geliebten Madeleine ist es nur dir gelungen, ihn aufzumuntern. Er kommt heute abend wieder und hofft, du wirst mit uns Tische rücken. Wollen Sie mitmachen?« wandte sich Marie-Michelle mir zu. »Nur als Zuschauer, wenn Sie es er-

122

lauben.« – »Einverstanden«, antwortete sie, nicht sehr begeistert.

Groß war meine Überraschung. Tischerücken war mir nicht unbekannt. Die Umstände jedoch, die die zwei Teilnehmer betrafen, bestürzten mich.

Während acht Abenden schaute ich zu. Meiner Ansicht nach kann ich sie in wenigen Worten zusammenfassen. Die Persönlichkeit des damals weltweit bekannten Filmstars Leslie Howard war äußerst markant. Sein blondes, seidenweiches Haar, seine hellblauen, gütigen Augen und seine ebenmäßigen Gesichtszüge bezeugten eine besondere Feinfühligkeit. Der Tod seiner geliebten Madeleine hatte ihn erschüttert, und eine Beziehung über Tischerükken mit ihr herzustellen gab ihm Mut, seine Trauer zu überwinden.

Marie-Michelle, vielleicht nicht ganz so von ihren okkulten Fähigkeiten überzeugt, wie sie es vorgab, schwelgte in dem Gedanken, Menschen zu lenken. Es gab keine Frage, die nicht von Madeleine selbst beantwortet wurde, weil alle Fragen, die Marie-Michelle stellte, darauf hinausliefen, die angeblichen Wünsche der verstorbenen Madeleine zu übermitteln.

Im Laufe der Zusammenkünfte bat sie die Verstorbene zu bestätigen, sie wolle Leslie veranlassen, ihren Schmuck Josiane zu schenken. Danach bat sie die Verstorbene zu bestätigen, sie wolle, daß Leslie sie durch Josiane ersetze.

»Ja«, antwortete beide Male der gehorsame Tisch. Ich möchte jedoch betonen, daß der Tisch, soweit ich es sehen konnte, von den Anwesenden nicht berührt wurde. Ihre Handflächen blieben regungslos über ihm.

Als ich London verließ, war ich überzeugt, die Heirat sei beschlossen. Viel später erst erfuhr ich, daß sie stattgefunden hatte.

Kurz nach der Zeremonie stieg Leslie in ein Flugzeug nach New York, um dort einen Film zu drehen. Die vorgesehene, sehr nördliche Route war theoretisch sehr sicher, weil der nächste Flugplatz der Flugzeugjäger der deutschen Luftwaffe sehr weit entfernt war.

War es die Vorsehung, die es vorsah? Ich weiß es nicht, aber einer Information zufolge, welche Berlin erreichte, ergriffen verantwortliche Offiziere besondere Maßnahmen. Die Information besagte, Churchill würde an diesem Tag nach den USA fliegen. Churchill war nicht an Bord, aber das Flugzeug, in dem Leslie saß, wurde über dem Nordatlantik abgeschossen.

Wie dem auch sei, ich dachte an die Worte, die Josiane vor dem Kamin liegend gesagt hatte: »Ich töte alle, die ich liebe.« Illusion oder Wirklichkeit? Vielleicht das eine wie das andere, aber verzerrt.

Was das vorliegende Kapitel anbetrifft, ist es nicht absurd, zu denken, daß ein in England sitzender Spion erfuhr, daß an einem gewissen Tag ein besonderer Passagier in die USA fliegen würde. Er glaubte, es sei Churchill, und das Ende war unaufhaltbar.

Synthese

›Puzzle‹ ist ein angelsächsisches Wort und bezeichnet ein Spiel, in welchem vielförmige Teile, an die richtige Stelle gesetzt, zueinander passend ein harmonisches Bild ergeben. Das gleiche gilt für die vielseitigen vorangegangenen Erzählungen, wenn der Leitfaden, der die Beziehungen herstellt, erkannt wird.

Die Lebensdynamik, die alles Bestehende schöpft, schwingt rhythmisch, und somit klingt und singt hörbar oder unhörbar, sichtbar oder unsichtbar die einende Symphonie der Sphären. Dieser poetische Ausdruck umfaßt die Welt der Rhythmen, welche als Licht oder Leitfaden alles mit allem verbindet.

Ein Einblick, so oberflächlich er auch sein mag, soll als Synthese aller beschriebenen Ereignisse, Tatsachen und Vermutungen verhelfen, den wünschenswerten Überblick der Zusammenhänge zu gewinnen.

Weitläufig ist die Welt der Rhythmen. Sie umfaßt auch die Welt der Magie. Der *Magier* im wahren Sinne des Wortes ist Meister der Rhythmen. Jede Aufeinanderfolge von Impulsen, die sich in gewissen Abständen wiederholen, also jeder Rhythmus, ruft einen Widerhall hervor, und jeder Widerhall besitzt eine Dynamik, die auf Distanz wirkt. Der Zustand der Trance, der Faszination, der Verzauberung und nicht zuletzt der Liebe offenbart sie.

Musikalische Rhythmen, poetische Rhythmen, biologische Rhythmen oder die Rhythmen der Jahreszeiten unterscheiden sich nur durch ihre Kadenz, ihre Frequenz, ihre Stärke, Höhe oder Tiefe. Im Verständnis des Ineinanderwirkens der verschiedenen Faktoren können durch entsprechende Rituale erstaunliche Phänomene erzielt werden. Ein Bewußtseinszustand mag überschritten, ein anderer erreicht werden.

Töne, Worte, Farben, Gesten können sehr stark widerhallen. Sie können Begeisterung, Fanatismus wie auch einen Zustand der Pseudotrunkenheit bewirken. Katharsis, ein griechischer Ausdruck für Läuterung, wird in der Kirche durch Musik erzielt. Musik ist wesentlich nichts anderes als ein harmonischer Ein- und Anklang verschiedenster Schwingungsfrequenzen.

Alles Bestehende schwingt im Rhythmus der Bewegung des Lebens. Alles Bestehende ist somit in seiner letzten Wirklichkeit hörbarer und unhörbarer Klang. Mißklang in Wohlklang zu wandeln, ist Ausdruck weißer oder weiser Magie.

In unserem Universum schwingt eine unerschöpfliche Energie, die Dynamik des Lebens. Ihr Gesetz ist unser Gesetz. Es vergewaltigen heißt, die eigene Natur zu vergewaltigen.

Wir schwingen alle im Takt der Weltseele, die in einer gigantischen Atmung die Rhythmen des Lebens gebärt. Die Benennung *Wissenschaft der Wissenschaften* ist der Magie eigen, wenn jede Hand-

126

lung dem Gesetz der Rhythmen entspricht, also wohltuende Folgen nach sich zieht.

Die Übereinstimmung der Bewegung der Rhythmen, die im Makrokosmos und im Mikrokosmos pulsieren, hat jede philosophische oder religiöse Überlieferung maßgebend beeinflußt, weil das Gesetz der Harmonie auf allen Ebenen wirkt.

Man kann durch Worte, Formeln, Anrufungen gewisse Zonen des Unterbewußtseins in Schwingung versetzen. Auch das ist Magie, allerdings eine oftmals mißbrauchte Magie, weil sie allzuvielen Zauberlehrlingen zugänglich ist. Schließen wir dieses letzte Kapitel unserer Wahrheitssuche mit den vier uns überlieferten Meisterworten der abendländischen Tradition.

Wagen, frei zu sein, um selbständig und weise zu denken.

Wollen, was gewollt ist, um dem Gesetz des Lebens treu zu sein.

Verstehen, um zu lieben, auf daß Mißklang sich in Wohlklang wandle.

Schweigen, wenn Worte überflüssig sind, weil innere Stille jede Reaktion ausschließt.

Der Autor

Frédéric Lionel wurde 1908 geboren und studierte zunächst Kybernetik. Während der Besetzung Frankreichs war er als britischer Offizier in der »Festung Europa« humanitär im Untergrund tätig.

Zahlreiche Schlüsselerlebnisse in dieser gefährlichen und deshalb das Bewußtsein schärfenden Zeit sollten für sein weiteres Leben von nachhaltiger Bedeutung werden.

Nach Kriegsende wandte er sich dem Studium der Philosophie zu und veranstaltete vielbeachtete Seminare. Er setzte sich mit östlicher, aber vor allem mit westlicher Geistestradition auseinander, um eine neue Weltsicht zu finden, die dem gewandelten Weltgeist gerecht wird.